소중한 마음을 가득 담아서

_____ 님께 드립니다.

희망의 전사 장수풍뎅이

H502 이야기

누구나 혼자서 신을 알아내듯 그대들은 각자 혼자서
신을 알아내고 대지를 이해해야 한다.

칼릴 지브란의 『예언자』 중에서

지은이 박수진

오랫동안 '어떻게 하면 살아남을 것인가?'란 문제에 매달려 치열하게 살아왔다. 하지만 이내 곧 바닥
이라는 원점에 돌아와 있곤 했다. 그 이유에 대한 답을 구하려고 도서관에서 매일 살다시피 한다. 다
양한 책을 읽으면서 한 가지 사실을 깨닫는다. 어떤 문제에 너무 매달려 살면, 평생 그것에 갇혀 그
문제를 안고 살게 된다는 것이다. 제자리에서 맴돌게 되는 그런 운명에서 벗어나려면, 먼저 삶의 방향
을 정하고 어떻게 살 것인가를 정해야 한다는 생각에 이르게 된다. 그러면서 어릴 적 꿈이었던 세계
적인 작가가 되겠다는 꿈을 다시 가슴속에 품는다.

희망의 전사 장수풍뎅이 H502 이야기는 가슴 속에 품었던 꿈의 일환이자. 치열하게 살아온 그녀 자
신의 경험을 녹여 만든 이야기다. 그녀는 "우리는 인생의 끝없는 고난 속에서 좌절하고 절망하기도
하지만. 우리 내면에는 이미 고난을 극복할 힘이 내재해 있어요!"라고 목소리 높여 말한다. 그 힘을 믿
고 희망을 품은 채 앞으로 나간다면, 인생의 다양한 선물과 신이 마련한 보물을 만나게 될 거라고 굳
게 믿고 있다.

1974년 경북 청송에서 태어났다. 동국대 독어독문학과를 졸업했다. 캐나다에서 6년간 거주하였는
데 다시 한국에 돌아왔을 때는 거의 빈털터리 상태였다. 결국 길바닥으로 쫓겨나는데 그때부터 죽기
살기로 돈을 벌었다. 어느 정도 먹고살 정도가 되었을 때 그 경험을 바탕으로 베스트셀러가 된 『나
는 쇼핑보다 경매투자가 좋다』를 쓰게 되었다. 현재는 강연과 강의를 하면서 어릴 적 꿈이었던 세계
적인 작가가 되기 위해 글 쓰는 일에 매진하고 있다.

희망의 전사 장수풍뎅이

H502 이야기

박수진 지음

STICK

희망의 전사 장수풍뎅이

H502 이야기

초판 1쇄 인쇄 2015년 12월 7일
초판 1쇄 발행 2015년 12월 14일
지은이 박수진

발행인 임영묵 | **발행처** 스틱(STICKPUB) | **출판등록** 2014년 2월 17일 제2014-000196호
주소 411-863 경기도 고양시 일산서구 일중로 17, 201-3호 (일산동, 포오스프라자)
전화 070-4200-5668 | **팩스** (031) 8038-4587 | **이메일** stickbond@naver.com
ISBN 979-11-952335-3-3   03320

일러스트 김정희

[원고투고] stickbond@naver.com
출간 아이디어 및 집필원고를 보내주시면 정성스럽게 검토 후 연락드립니다. 저자소개, 제목, 출간의도, 핵심내용 및 특
징, 목차, 원고샘플(또는 전체원고), 연락처 등을 이메일로 보내주세요. 문은 언제나 열려 있습니다. 주저하지 말고 힘차
게 들어오세요. 출간의 길도 활짝 열립니다.

[모니터링] 도서 모니터링 요원을 수시로 모십니다. '[모니터링 신청]' 제목만 적어 이메일을 보내주시면 접수 완료됩니다.
도서관심분야, 나이 및 성별, 연락처 등을 함께 보내주시면 선정 시 큰 도움이 됩니다.

이 흥미진진한 풍뎅이들의 이야기는 우리네 삶의 희로애락이 다 녹아 있었다. 주인공 H502처럼 우유부단한 나 자신을 자책했고, 친구의 죽음에 같이 분노하고 슬퍼했다.

평소 노력한 만큼 성공한다는 생각이 강한 편이어서 G240의 방황에 한마음으로 동화되어 '인생이 뭘까?' 하고 함께 허무해했다.

이렇듯 처음부터 끝까지 여기에 등장한 풍뎅이 친구들 하나하나가 마치 내 안의 또 다른 내가 되어, 일어나는 사건들은 내 주변의 이야기가 되어 푹 빠져들었다. 그런 감동과 긴장의 여정 후, 가슴 깊은 곳으로부터의 울림과 떨림은 책을 덮은 후에도 그 여운이 쉽게 가시지 않는다.

작은 풍뎅이 한 마리가 내 가슴속에서 정말 희망의 전사가 되어 날갯짓하는 듯했다.

삶이 힘들고 지칠 때마다 나는 이 풍뎅이 친구들을 만날 것이다.

그리고 그들과 함께 용기 있게 힘을 내어 창공으로 희망차게 비상할 것이다.

심은영(개인사업)

••
어느덧 책보다는 드라마를 더 좋아하는 나이가 되어 지극히 현실적으로 살던 중 만난 이 책은 그 어떤 드라마보다 재미있다.

홍선희(회사원)

•••
내 머리가… 쿵~! 또 한 번 내 심장이 쿵쾅쿵쾅~ 울렸다. 끊임없는 생존과 투쟁, 그리고 반전, 기상천외한 장수풍뎅이 세계를 섬세한 필력으로 그려내 15초 광고처럼 보는 순간, 이야기 하나하나가 각인되었다.

장수풍뎅이 H502가 여러 개성을 가진 K308, G240, Q355를 만나 엮어가는 이야기들은 우리 세상 이야기를 그대로 담아내어 나를 웃고 울게 했다. 장수풍뎅이 H502를 통해 지금 현재 메말라가는 나의 삶에 희망과 사랑의 메시지가 들어오고 있다.

다음은 내 마음을 망치로 친 듯한 인상적인 글귀다.

"어쩌면 내가 지금 악몽을 꾸고 있는 건지도 모른다는 생각을 했어. 내가 무의식적으로 만드는 환상의 노예가 되어 그 꿈속에서 사는 건 아닌가 하는 생각이 들었던 거야. 그래서 악몽에서 벗어나는 길은 좋은 꿈을 꾸어 나 자신의 무의식을 바꾸어야겠다는 생각을 계속했어."

나는 무의식이란 도구로 천 가지의 행복과 천 가지의 불행을 만들어 낼 수 있음을 깨달았다. 이 책을 읽을 당신 역시 스스로 빛나는 사람임을 알게 될 것이다.

이채은(주부)

····

장수풍뎅이 H502 이야기는 풍뎅이들만의 이야기가 아니다. 바로 우리가 직면해있는 현실 그 자체다. 현실적이고 냉철한 분석력을 가진 K308, 주인공의 롤모델 역할을 하는 G240, 모두가 두려워하는 절대적인 존재 턱수염, 누군가로부터 구원받기를 원하는 풍뎅이들의 염원이 만들어낸 실존하는 인물 Q355, 그리고 주인공 H502가 이런 주변인물들로부터 영향을 받고 배우며 느끼고 성장하는 과정 또한 우리의 모습이다.

다음은 가장 공감이 갔던 풍뎅이들의 대화다.

"하지만 신중할 필요가 있다고 해서 미리 그 모든 것을 한꺼번에 염려하기 시작하면 그 무게감을 견디지 못하고 결국 아무것도 하지 못하게 되는 것도 좋은 건 아니야."

최치언(공무원)

달콤한 꿈

어른이 되다

번데기방에서 막 깨어난 장수풍뎅이 H502는 자신이 처한 상황을 알아차리지 못한 채 달콤한 꿈의 여운에서 아직 벗어나지 못하고 있었다.

　참나무가 가득히 들어선 숲에는 맛 좋은 수액이 나무마다 흘러넘치고 있었다. 땅 밑이나 나무 틈 사이에서는 어린 유충들이 멋진 풍뎅이가 되는 날만을 손꼽아 기다리고 있었다. 그 숲에서 유충이었던 H502는 그녀를 만났다. 그는 성충이 되면 가장 먼저 그녀를 찾겠노라고 약속을 했다. 겨울이 지나고 봄이 오자 그녀는 H502보다 먼저 자신의 번데기방으로 들어갔다. 그리고 H502도 그의 번데기방에 들어가 번데기가 되었다.

　시간이 흐르고 햇살이 강하게 비추던 어느 날, 드디어 성충이 된 H502는 아름다운 숲에서 그녀와 만날 것을 기대하며 설레는 마음으로 번데기방에서 나왔다. 하지만 눈앞에 펼쳐진 광경에 그는 비명을

지를 뻔했다.

　H502는 자신이 그가 만들어 놓은 번데기방과 함께 플라스틱 컵에 담겨 있다는 사실을 알게 되었다. 컵은 중앙에 구멍이 뚫려 있는 돔으로 된 뚜껑으로 덮여 있었고 'H502'라는 번호가 적힌 라벨이 붙어 있었다. 그를 더욱 놀라게 한 것은 그렇게 라벨이 붙은 컵들이 어딘지 알 수 없는 방 안의 수많은 진열대 위에 나열되어 있다는 것이었다. 각각의 컵마다 유충인 상태의 녀석들도 있었고 번데기 상태인 녀석들도 있었고 H502처럼 성충이 되어 번데기방에서 나오는 녀석들도 있었다.

　방 중앙에는 투명하고 거대한 플라스틱 상자가 하나 놓여 있었다. 그 상자 바닥에는 부엽토와 모래, 그리고 톱밥이 섞여 깔려 있었고 크고 작은 나뭇가지와 돌들이 놓여 있었다. 군데군데 흙더미가 뭉쳐 있거나 돌무더기를 이루고 있는 곳도 있었다.

　그 상자 안에는 이미 성충이 된 수십 마리의 장수풍뎅이들이 기어 다니고 있었다. 대체로 검은빛을 띠는 풍뎅이들의 등에는 저마다의 번호가 적혀 있었다. 눈앞에 펼쳐진 광경에 어리둥절해져 있던 H502는 방 쪽으로 다가오는 커다란 발자국 소리에 방문 쪽을 바라보았다.

이윽고 문이 열리면서 덩치가 무척이나 큰 사내가 들어왔다. 그는 머리카락을 모두 밀고 콧수염과 턱수염을 길렀다. 그의 뒤를 까마귀 한 마리가 눈을 번득이며 따라 들어왔다. 거대한 몸집에 날카로운 부리를 가진 까마귀를 보자 H502는 온몸이 공포로 얼어붙는 것 같았다.

풍뎅이가 있는 방으로 들어선 사내(이제부터 그를 '턱수염'이라고 부르기로 한다.)는 진열대에 놓여 있는 컵들을 들여다보았다. 그리고 성충이 되어 번데기방에서 나온 풍뎅이들을 꺼내어 살펴보았다. 그는 약해 보이는 풍뎅이와 암컷 풍뎅이는 곧바로 바닥으로 던져 버렸다.

그러자 턱수염을 따라다니던 까마귀는 기다렸다는 듯 바닥에서 나뒹굴고 있는 풍뎅이들을 날카로운 부리로 쪼아 먹었다. 이 광경을 보고 혼비백산해진 풍뎅이들은 컵 속에서 나가 보려고 발버둥쳐 보았지만, 아무 소용이 없었다. 그저 어깨를 잔뜩 움츠린 채 자신의 운명이 어떻게 될지 기다리는 것 외에 달리할 수 있는 일이 없었다.

턱수염은 막 성충이 된 풍뎅이 중 강한 수컷 풍뎅이들만 골라내 그들의 등에 컵 라벨과 같은 번호를 마커로 적어 넣었다. 그렇게 선별된 풍뎅이들은 방 한가운데에 놓여 있는 거대한 상자 속으로 넣어졌다.

하지만 상자 속으로 넣어지는 풍뎅이들은 겨우 서너 마리밖에 되지 않았다. 선택받지 못한 풍뎅이들은 모두 바닥으로 던져져 까마귀의 밥이 되고 말았다.

차례

우리는 의지와 상관없이 태어나고 뜻하지 않은 환경에서 살아가기도 한다. 삶의 의미를 찾지 못한 채 무엇을 위하여 살아가야 할지 몰라 오랫동안 방황하기도 한다. 꿈을 찾기 위해 방황하기도 하고 자신의 꿈을 알고 있으면서도 그 꿈을 향해 살아가야 할지 망설여지기도 한다.

우리는 살면서 한 번쯤은 아무런 잘못도 없이 비난을 받기도 하고 자신도 모르게 타인에게 상처를 주기도 한다. 어떤 사람들은 그 상처를 가슴에 품은 채 오랫동안 서로 미워하며 불행하게 살아가기도 한다.

때론 삶이 위태로워질 만큼 크나큰 위험에 직면하기도 하고, 결코 희망을 찾을 수 없을 만큼 깊고 어두운 절망 속에서 좌절하기도 하며 어이없는 사고를 당하기도 한다.

그때 우리는 신을 찾게 되고 기적을 바라기도 한다. 때론 생각지도 못했던 기적이 일어나기도 하고, 간절히 바라던 기도가 이루어지지 않을 때도 있다. 그래서 우리는 가슴 깊은 곳에 신의 존재에 대한 의문을 가지기도 한다.

여기 탈출할 수 있는 가능성이 단 1%도 없어 보이는, 상자 안에 갇힌 한 장수풍뎅이의 이야기가 있다. 자신의 의지와는 상관없이 끔찍한 상황에 놓인 장수풍뎅이는 깊은 절망에 빠져 상자 안에서 잘 살아가지도 그렇다고 탈출을 꿈꾸지도 못한 채 오랫동안 방황하게 된다.

탈출할 기회가 늘 자신 가까이에 있었다는 것을 나중에서야 깨닫게 되지만, 이미 그 기회는 사라진 후다. 상자 속 다른 풍뎅이들에 의해 모함과 따돌림을 당하게 된 그는 스스로 일어서지 않으면 아무것도 변하지 않는다는 것을 비로소 깨닫게 된다. 반드시 기회가 다시 올 거라고 믿으며 그는 탈출을 위한 단련을 시작한다. 그리고 꿈을 향해 나아간다.

그 과정에서 풍뎅이가 힘을 잃지 않고 자신에 대한 믿음을 가질 수 있었던 건 그에겐 소중한 친구의 우정이 있었고 사랑하는 그녀를 만나려는 깊은 사랑이 있었으며 무엇보다 용기와 힘을 잃지 않고 두려움을 극복할 수 있게 하는 신에 대한 믿음이 있었기 때문이다.

아무쪼록 지금 힘든 시기를 겪으며 방황하는 분들에게 이 이야기가 조금이나마 힘과 위로가 되었으면 한다.

H 5 0 2　　S T O R Y

01
거대한 성
잔혹한 운명

어두워지면 비로소 눈이 오기 시작한다.

시어도어 로스케

"세바스찬, 너만 신이 났구나. 나는 괜찮은 녀석들이 별로 없어서 영 기분이 좋지 않아."

턱수염은 까마귀에게 푸념하며 이마를 긁적였다. 그리고 그는 H502가 담겨있는 컵으로 눈길을 돌렸다. 턱수염과 눈이 마주친 H502는 한순간 숨이 멎는 듯했다. 조금씩 뒤로 물러서 보았지만 더 갈 곳이 없었다. 턱수염은 H502가 담긴 컵을 집어 들었다. H502의 심장은 위험을 알리듯 요란한 소리로 쿵쾅거렸다. 이윽고 뚜껑이 열리고 굵직한 턱수염의 손가락이 H502의 몸을 집어 올렸다.

'아! 이제 여기서 죽는구나. 제대로 살아보지도 못하고 이렇게 나의 인생이 끝나다니…'

H502는 다른 풍뎅이들처럼 자신도 까마귀의 밥이 될 거라는 생각에 눈을 질끈 감았다. 하지만 그의 예상과 달리 턱수염은 H502의 몸을 이리저리 살펴보았다. 그리고 공포에 질린 그의 등에 'H502'라고 적고는 그를 방 중앙에 있는 커다란 상자 안으로 넣었다.

상자 속에 놓인 H502는 살았다는 안도의 한숨을 쉬었다. 하지만 그것도 잠시, 이내 또 다른 위험이 그를 기다리고 있음을 알아차려야 했다.

H502보다 몸집이 두 배나 커 보이는 풍뎅이 몇 마리가 천천히 그가 있는 곳으로 다가오는 것이 보였다. 그는 풍뎅이의 본능에 따라 뿔을 세우고 전투자세를 취했다. 그러자 그들 중 험악하게 생긴 녀석 한 마리가 그에게 가까이 다가와 섰다. 그의 등에는 'C208'이라는 번호가 적혀 있었다.

"대장, 이 녀석 싸워볼 필요도 없겠어."

그는 H502를 위아래로 살펴보더니 함께 온 풍뎅이 중 몸집이 가장 큰 풍뎅이를 돌아보며 말했다. 그의 등에는 C42 번호가 적혀 있었다.

C42가 H502를 바라보며 천천히 다가왔다.

'나는 이 성의 왕이다. 복종하라.'

C42의 위협적인 눈빛이 이렇게 말하는 듯했다. C42의 뿔은 그의 눈빛만큼이나 크고 위협적이었다. 그의 위세에 눌린 H502는 세웠던 뿔을 조용히 내려놓았다.

"이곳은 대장의 말을 따르지 않으면 바로 죽음이야. 알겠지?"

C208이 두려움에 떨고 있는 그에게 다짐을 받아 두듯 말했다. H502가 머리를 끄덕이며 곧바로 항복 표시를 하자 C208은 그에게 상자 속 풍뎅이들의 규율을 말해주었다.

"우리의 허락 없이 서로 겨루기를 해서는 안 된다. 먹을 것은 대장이 가장 먼저 먹고 그다음은 우리가 먹는다. 그리고 나서 남은 것을 너희가 먹는다. 밤에 돌아다녀서는 안 된다. 참나무가 있는 저쪽은 우리의 영역이다. 너희는 저 영역에 허락 없이 들어올 수 없다. 알겠나?"

H502는 C208이 가리키고 있는 상자 한가운데를 바라보았다. 그곳에는 둥글고 납작하게 잘려 있는 참나무통 몇 개가 놓여있었고 그 주위로 나뭇가지들이 얽히고설켜 쌓여 있었다. 그중 나뭇가지 하나

가 높이 솟아 있었다. H502는 그들에게 알겠다는 표시로 머리를 끄덕여 보였다.

H502에게 항복을 받아내자 큰 풍뎅이들은 다른 신입 풍뎅이에게 몰려갔다. 그러자 조금 전부터 지켜보던 풍뎅이 한 마리가 재빠르게 그에게로 다가왔다. H502와 비슷한 몸집을 가진 풍뎅이였다. 그의 등에는 K308이라는 번호가 적혀 있었다.

"휴! 잘했어. H502!"

H502는 몹시 긴장했던 탓에 그에게 아무 대꾸도 하지 못하고 그 자리에 털석 주저앉아 버렸다. K308은 그런 그의 어깨를 자신의 어깨로 치며 말했다.

"이봐! 저길 보라고!"

조금 전 H502에게 왔었던 덩치 큰 풍뎅이들이 한 신입 풍뎅이를 뿔로 뒤집고 있었다. 그러자 그들을 지켜보고 있던 턱수염이 뒤집어진 풍뎅이를 꺼내 까마귀에게 던져 주었다. 까마귀는 거대한 부리로 쪼아 한 번에 그를 집어 삼켜버렸다.

H502는 그 광경에 또다시 정신이 아찔해졌다. 잠들어 있던 번데기방에서 나오기 전에는 이런 미래가 그를 기다리고 있을 줄은 상장

조차 하지 못했다. 성충이 되면 숲 속에서 마음껏 노닐며 그녀와 행복하게 살 거라는 기대로 가득했었다. 그런데 지금 그에게 일어나는 모든 일은 그저 믿을 수 없는 악몽 같기만 했다.

넋이 완전히 나간 상태로 주저앉아 있는 H502를 지켜보던 K308이 그의 어깨를 흔들며 말했다.

"H502! 정신 차리고 이쪽으로 따라와!"

H502는 비틀거리며 일어나 얼떨떨한 상태로 K308을 따라나섰다. 그들이 도착한 곳은 여러 나뭇가지를 엮어서 울을 만들어 놓은 곳이었다.

"여긴 나와 내 친구들이 지내는 곳이야. 그러니 여기서 잠시 숨 좀 돌려."

K308의 말에 H502는 조금 안심이 되었다.

"휴! 조금 전엔 나도 까마귀밥이 되는 줄만 알았어. 이곳도 위험하긴 마찬가지구나."

"맞아. 이곳도 무척 위험한 곳이야. 우리 수컷 풍뎅이들은 서로 만나면 전투하는 본능이 있지. 조금 전 그 녀석도 앞뒤 재지 않고 본능에 따라 큰 녀석들에게 덤볐던 거야. 하지만 이제 막 성충이 된 녀석이 저렇게 큰놈들을 상대하는 건 무리야. 그런데다 턱수염의 눈에 쓸모없어 보이면 바로 저 까마귀의 밥이 되고 말아. 그러니 너도 항상 조심해야 돼. 절대 저 큰 녀석들에게 덤벼서는 안 돼."

K308은 그에게 단단히 일러두듯 말했다.

"도대체 이곳은 어디야?"

H502는 아직까지 모든 게 현실로 느껴지지 않아 주위를 두리번거리며 물었다.

"너도 곧 알게 되겠지만, 인간들이 이곳 옆방에 모여서 풍뎅이들끼리 대결을 시켜. 돈을 걸고 말이야. 그래서 턱수염은 이렇게 수컷 풍뎅이들을 모아서 그중 가장 센 녀석을 대결에 내보내는 거야."

"그런데 어째서 턱수염은 나를 살려 둔 거지? 나는 몸집도 작은 데다 잘 싸우지도 못하는데…."

K308의 말대로라면 H502는 벌써 까마귀의 밥이 되었어야 했다.

"이 상자 속에서 그럭저럭 끝까지 살아남는 풍뎅이들은 아까 보았던 덩치 큰 녀석들뿐이야. 대체로 여섯 마리라서 우리는 저들을 '육풍'이라고 부르지. 하지만 그 녀석들도 처음부터 덩치가 큰 녀석들은 아니었어. 그들도 우리처럼 작은 녀석들이었지."

"그렇다면 나도 저 녀석들처럼 나중에 큰 풍뎅이가 될 수 있는 거야?"

H502가 묻자 K308이 머리를 저었다.

"안타깝게도 그렇게 될 확률은 거의 없어."

"그렇게 될 확률이 거의 없다고?"

"그래, 저렇게 육풍이 될 수 있는 풍뎅이는 여기에 있는 수많은 풍뎅이 중 극히 몇 마리밖에 되지 않으니까….."

그건 H502가 그리 오래 살지 못하고 죽음을 맞이한다는 말이나 마찬가지였다.

"여기 상자 속 풍뎅이들은 턱수염이 넣어주는 과즙으로 만든 젤리를 먹고 살지. 그런데 턱수염이 젤리를 많이 넣어주는 편이 아니라서 배부르게 젤리를 먹을 수 있는 풍뎅이들은 얼마 되지 않아. 조금 전 너도 상자 속 규율을 들었겠지만 대부분 젤리는 저 큰 녀석들의 차지야. 그나마 남은 젤리조차도 많은 풍뎅이와 다투어야 겨우 먹을 수 있을까 말까 해. 그래서 대장과 육풍들은 계속 몸집이 커지고 힘도 세지지만, 다른 풍뎅이들은 겨우겨우 목숨을 이어가는 정도야."

"그건 말도 안 돼. 턱수염이 힘센 풍뎅이들을 원한다면 그만큼 많은 젤리를 우리에게 줘야 하는 게 맞잖아?"

H502는 K308의 말이 이해가 되지 않았다.

"그냥 생각하기엔 그럴 수도 있겠지. 하지만 내가 쭉 관찰한 결과 턱수염은 풍뎅이들을 서로 경쟁시키려고 젤리를 적게 넣어주는 거였어. 그는 치열한 경쟁에서 살아남는 강한 풍뎅이를 원하는 거야. 턱수염이 늘 투전에 내보내는 풍뎅이가 바로 그 경쟁에서 승리한 대장 풍뎅이거든."

H502는 차근차근 설명을 하고 있는 K308을 물끄러미 쳐다보았다.

"왜? 내 얼굴에 뭐가 묻었어?"

"아… 아니, 그게 아니고. 넌… 머리를 쓸 줄 아는 것 같아. 무척 똑똑해 보여."

"그렇게 보여? 난 잘 모르겠는데 다른 녀석들도 너처럼 말하더군. 어쨌든 머리를 써야 해. 그래야 여기서 조금이라도 더 오래 살아남을 수 있어. 그런데 그 살아남는 방법은 의외로 사소한 것에 있을 수 있어. 그래서 난 항상 관찰하고 여러 가지 방법에 대해 생각해 보려고 하지. 그런 부분에선 자신 있으니까 네가 나를 만난 걸 행운이라고 생각해도 좋아."

K308은 그의 칭찬이 싫지 않은지 어깨를 으쓱해 보이며 말했다.

"넌 머리를 쓸 줄 알지만 난 머리도 나쁘고, 힘도 없고 잘하는 것도 없어."

H502는 앞으로 어떻게 살아가야 할지 막막해져 한숨이 절로

나왔다.

"기운 내. 그래도 넌 수많은 풍뎅이 중에서 살아남은 풍뎅이라고. 네가 운이 없었다면 벌써 저 괴물 같은 까마귀의 먹잇감이 되었을 거야."

그는 커다란 눈알을 굴리며 상자 속을 들여다보고 있는 까마귀를 가리키며 말했다. 그때 그들과 비슷한 몸집의 풍뎅이 두 마리가 다가왔다. 한 마리는 K277이었고 다른 한 마리는 J141이었다.

"K308! 신입이랑 무슨 말을 그리 많이 하는 거야?"

K277은 자신들의 거처에 있는 신입 풍뎅이를 경계하는 눈빛으로 말했다.

"인사해. 이제부터 우리와 함께 지내게 될 친구야."

H502는 K308의 말에 놀라 눈을 크게 뜨며 그의 얼굴을 쳐다보았다. K308은 그런 그에게 한쪽 눈을 찡긋해 보였다.

"반갑다."

다소 겁이 많고 부끄러움이 많아 보이는 J141이 그에게 먼저 인사를 했다.

"어? 어… 잘 부탁한다."

H502도 얼떨결에 그에게 인사를 했다.

하지만 K277은 다소 불만 섞인 표정으로 그냥 서 있자 K308이 그에게 인사하라는 눈짓을 했다.

"음… 그래, K308이 너를 받아들였다면 나름의 이유가 있겠지. 반갑다."

K277은 썩 내키지 않다는 표정으로 H502에게 인사했다.

"K308은 머리가 무척 좋아서 우린 이 친구의 말대로만 해. 너도 K308의 말만 잘 들으면 여기서 잘 지낼 수 있을 거야. 그러니깐 긴장 풀어."

J141이 어색해진 분위기를 바꾸려는 듯 명랑하게 말했다.

"자, 우린 앞으로 다 같이 한 팀으로 지낼 테니까 서로 도와주며 잘 지내보자."

K308이 환하게 웃으며 말했다. 얼떨결에 K308의 무리에 합류하게 된 H502는 그제야 두려움에 떨리던 마음이 다소 진정되었다.

그들이 서로 인사를 하는 사이 턱수염은 과즙으로 만든 젤리를 상자 속에 넣어 주었다. 풍뎅이들은 삼삼오오 젤리가 놓여 있는 곳으로 몰려가기 시작했다. 번데기방에 있을 때부터 아무것도 먹지 못한 H502도 젤리를 먹기 위해 황급히 가려는데 K308이 그를 불러 세웠다.

"기다려! 아직 우리 차례가 아니야!"

육풍들이 일러준 규율을 잊어버린 채 젤리를 먼저 먹으려 달려들던 신입 풍뎅이들은 육풍들에 의해 바닥으로 내쳐졌다. 몇 마리가 바닥으로 나가떨어지는 것을 본 신입 풍뎅이들은 더는 다가서지 못하고 뒤로 물러났다. 한바탕 소란이 끝난 후에야 대장 C42는 여유롭게 다가가 젤리를 먹기 시작했다.

그가 젤리를 먹는 동안 육풍들은 그를 위해 보초라도 서듯 주위를 둘러쌌다. 그리고 대장 C42가 젤리를 배부르게 먹고 물러가자 그제야 보초를 섰던 육풍들이 젤리를 먹기 시작했다.

다른 풍뎅이들은 육풍들이 배부르게 먹을 때까지 또다시 참을성 있게 기다려야 했다. 어느덧 육풍들까지 식사를 마치고 나자 바닥에 남아 있는 젤리는 그리 많지 않았다.

육풍들이 물러가자 풍뎅이들은 그나마 남아 있는 것이라도 먹기 위해 젤리를 향해 몰려갔다. 젤리가 놓여 있던 곳은 작은 풍뎅이들의 치열한 몸싸움으로 이내 아수라장이 되고 말았다.

H502는 K308의 풍뎅이들과 함께 움직인 덕분에 젤리를 조금이나마 차지할 수 있었지만 살벌한 다른 풍뎅이들에 의해 이내 밀려나고 말았다.

H502는 또다시 큰 절망감에 휩싸였다. 그는 어깨를 축 늘어뜨린 채 K308 무리의 울타리로 돌아가서는 구석진 곳에 몸을 최대한 웅크리고 엎드렸다.

'그녀는 무사할까?'

그녀 생각이 떠오르자 참았던 서러움이 물밀 듯 밀려왔다. 눈에 눈물이 차오르는 것을 애써 참아 보려 했지만 이내 눈물은 하염없이 흘러내리기 시작했다. 그런 모습을 다른 풍뎅이들에게 보이고 싶지 않아 H502는 얼굴을 모래 속 깊이 푹 파묻었다.

H 5 0 2   S T O R Y

02
옳고 그르다는 건
G240을 만나다

사람들이 뭐라고 하건 오직 나만이 나의 운명을 결정할 수 있다.

클레어 올리버

'향긋한 냄새다.'

햇살의 온기가 땅속까지 따뜻하게 스며들고 있었다. 다리의 잔털에서부터 외피의 두꺼운 껍질까지 스멀스멀 녹는 듯했다.

'아!'

긴장되었던 몸이 나른해지면서 절로 깊은숨이 내쉬어졌다. 누군가 그를 바라보고 있다. 검고 큰 눈동자와 하얀 피부를 가진 그녀는 예전 유충일 때 모습 그대로다.

환한 미소를 짓는 그녀의 얼굴이 너무나 아름답다. 순간 이것이 모두 꿈이라는 생각이 들자 H502의 눈에 다시 눈물이 가득 차올랐다.

어느 사이 잠이 들었던 모양이다. 누군가 그의 어깨를 흔들고 있어 눈을 떠보니 K308이었다.

"적응하기 힘들지?"

K308의 따뜻한 말에 H502는 말없이 머리를 끄덕였다.

"여기 대부분 풍뎅이가 그래. 성충이 되기만을 손꼽아 기다리면서 고통스러운 번데기의 시간을 견뎠는데 눈을 떠 보니 지옥과 같은 상자 속에 갇혀 있으니 말이야. 그런데다 매일 살아남기 위한 전쟁 같은 나날들의 반복이야. 이런 상황을 견디지 못하고 스스로 죽음을 택하는 풍뎅이들도 있어. 어차피 굶어 죽으나 어느 날 저 까마귀의 먹잇감이 되어 죽으나 죽는 것은 마찬가지라고 생각하면서 말이야."

H502도 상자 안에 갇혀 계속 이렇게 살아가야 한다면 죽는 편이 낫겠다는 생각이 들었다. 하지만 그는 그녀를 만나기로 약속했었다. 그녀를 보지 못하고 죽는다는 것은 상상조차 하고 싶지 않았다.

"여기서 나갈 수 있는 방법은 없을까?"

H502가 묻자 K308은 머리를 크게 저었다.

"아니 없어. 저길 봐!"

K308이 가리키는 곳은 상자에 난 작은 구멍들이었다.

"이곳에 틈이라고는 저 작은 구멍들뿐이야. 여기서 우리가 나가게 되는 경우는 인간들이 벌이는 투전에 나갈 때와 죽어서 나가는 경우 말고는 없어. 우리 스스로 나갈 수 있는 방법은 전혀 없다고 보면 돼."

결코 상자 밖으로 나갈 수 없다는 K308의 말에 커다란 절망감이 밀려왔다.

"투전에는 대장이 나간다고 했었는데 다른 풍뎅이가 나간 적은 없었어?"

H502는 그때라도 빠져나갈 수 있지 않을까 하는 마음에 물어보았다.

"없어. 어차피 이곳 풍뎅이들끼리 힘을 겨루어 대장이 된 것이니까. 턱수염에게는 대장을 투전에 내보내는 것이 가장 좋은 선택인 거지. 그래서 다른 풍뎅이가 투전에 나가려면 대장을 누르고 스스로 대장이 되는 방법밖엔 없어."

K308은 뺨 위에 묻은 젤리를 닦아 먹으면서 심드렁하게 말했다.

"만약 투전에서 대장이 지게 되면 어떻게 되는 거야?"

"대결에서 지더라도 턱수염의 눈에 여전히 쓸모가 있다고 생각이 되면 다시 이 상자 안으로 들어오게 돼. 그렇지 못하면 그 역시 그 자리에 버려져서 까마귀의 간식거리가 되는 거고."

K308은 그 부분에 대해선 더는 말하고 싶지 않다는 표정으로 대답했지만 H502는 답답한 마음에 질문을 멈출 수가 없었다.

"그렇다면 투전에 나가는 대장이 그렇게 좋은 것도 아닌데 왜 대장이 되려고 하는 거지?"

H502의 물음에 K308은 한숨을 쉬었다.

"휴, 그래도 젤리라도 가장 배부르게 먹으려고 대장 자리를 노리는 풍뎅이들이 있어. 보통 대장은 투전에 나가서 죽거나 수명이 다해서 죽기 전까지는 잘 바뀌지 않거든. 육풍들이 그를 지켜주기 때문에 다른 녀석들이 섣부르게 도전장을 내밀지 못하는 거야. 대부분의 풍뎅이들이 여기서 겨우 생명을 연명하다가 죽고 마는데 그나마 대장의 생활은 훨씬 나은 셈이니까 대장이 되고 싶어하는 녀석들이 있는 거야."

K308의 말을 들으면서 H502는 자신이 처한 상황이 다시 한 번 믿어지지가 않았다.

'젠장, 나의 운명이 왜 이 모양이야…'

그때 이야기하고 있는 그들 곁으로 G240 번호가 적혀 있는 풍뎅이 한 마리가 다가왔다. 그들보다도 몸집이 다소 작은 풍뎅이였다.

"또 저 녀석이야?"

K308이 성가시다는 표정을 지었다.

"왜 그래?"

H502는 왜 K308이 얼굴을 찌푸리는지 영문을 몰라 물었다.

"두고 보면 알아."

K308이 슬그머니 자리를 뜨려고 하자 G240이 그를 불러 세웠다.

"K308!"

G240이 부르자 K308은 불쾌한 표정으로 돌아보았다.

"너 같은 놈하고는 이야기하고 싶지 않아."

"이제는 그만 화를 풀어도 될 텐데…. 넌, 여전하구나."

G240은 K308에게 말하고 난 뒤 H502를 보며 눈인사를 했다. 멋쩍어진 H502는 눈을 돌려 K308을 바라보았다. 그는 H502에게 따라오라는 눈짓을 했다. H502는 어리둥절해져 G240을 뒤로하고 K308을 따라갔다.

"넌, 여기 있는 풍뎅이들이랑 대체로 잘 지내는 줄 알았는데 저 녀석과는 별로구나."

"응. 나뿐만 아니라 다른 녀석들도 저 녀석하고는 친구를 하려고 하지 않아."

"왜? 나쁜 녀석같아 보이지는 않던데….”

"나쁜 녀석은 아니지만…, 너무 잘난 척을 해서 모두 싫어해.”

"잘난 척을 한다고? 어떻게?”

"녀석은 이 상자에서 나갈 수 있다고 한동안 떠들어 댔지. 모두가 질려 할 정도로 말이야.”

"여기에서 나갈 수 있다면 그건 좋은 일이잖아?”

K308이 그런 이유로 G240을 싫어한다는 게 H502는 이해가 되지 않았다.

"그건 아까도 말한 것처럼 불가능한 일이야.”

"그런데도 상자 밖으로 나가려고 하는 걸 보니 G240은 그 방법을 알고 있는 건 아닐까?”

"다시 한 번 말하는데 그건 절대 불가능한 일이야. 나도 다른 녀석들도 그 방법에 대해 끊임없이 생각해 보았지만 방법을 찾을 수가 없었어. 그래서 이제는 모두들 그 문제에 대해 아예 생각조차 하고 싶어하지 않아. 그런데 저 녀석만은 우리가 이곳을 빠져나갈 수 있다고 계속 떠들어 대니까 모두 싫어하는 거야. 자기 주제도 모르고 헛된 꿈을 꾸는 녀석이지. 한때 저 녀석과 어울렸던 것이 몹시 후회스러울 뿐이야.”

K308의 얼굴이 점점 더 찌푸려지고 있었다. 그가 이런 이야기하

는 걸 싫어한다는 것을 그제야 눈치 챈 H502는 더는 묻지 않고 말 없이 그의 뒤를 따랐다.

'G240이란 녀석은 어떻게 이 상자 밖으로 나갈 수 있다고 하는 것 일까?'

H502는 G240에 대해 몹시 궁금해졌다.

일주일 정도가 지나자 H502는 상자 속의 세상이 대충 어떻게 돌아가는지 알 수 있게 되었다. 턱수염은 매일 아침이면 풍뎅이들이 있는 방으로 왔다. 그리고 가장 먼저 선반에 진열된 플라스틱 컵들 중에서 튼튼한 풍뎅이를 골라내어 상자 안으로 넣었다. 하지만 상자 속으로 넣어지는 풍뎅이들은 불과 몇 마리밖에 되지 않았다. 어떤 날에는 한 마리의 풍뎅이도 상자 안으로 들어오지 못하고 모두 까마귀 세바스찬의 먹이가 되기도 했다.

그렇게 풍뎅이 선별을 끝내면 턱수염은 과즙으로 만든 젤리를 상자 안으로 넣어 주었다. 가장 먼저 젤리를 먹는 대장 C42는 젤리 먹을 때를 제외하고는 대부분의 시간을 상자에서 가장 높이 솟아 있는 나뭇가지 위에서 잠을 자거나 몸을 푸는 일을 하며 보냈다. 육풍이라고 불리는 여섯 마리의 큰 풍뎅이 무리들은 그 나뭇가지 밑을 에워싸고 어떤 풍뎅이도 그곳으로 접근하지 못하게 했다.

일주일 중 하루(인간의 시간으로 토요일 날 저녁)는 턱수염이 대장 C42를 투명한 작은 상자 속에 넣어 투전이 열리는 옆방으로 데리고 갔다. K308이 말했던 것처럼 인간들의 투전에 C42를 내보내는 것이었다.

투전에서 C42는 때론 이기기도 하고 지기도 했다. C42가 이기는 날에는 기분 좋아진 턱수염이 평소보다 많은 젤리를 상자 안으로 넣어주기도 하였다. 하지만 그런 날은 그리 많지 않았다.

K308은 K277과 J141, 그리고 새로 들어온 H502와 함께 젤리를 먹기 위한 작전을 짰다. 그의 작전대로 K308의 무리와 함께 움직이자 다른 풍뎅이들보다는 그럭저럭 배를 채울 수 있는 정도의 젤리를 먹을 수 있게 되었다. K308이 H502에게 친절했던 이유는 그들과 함께 움직일 수 있는 팀원이 필요했기 때문이었다.

그는 성격이 공격적이지 않고 그의 말을 잘 따라 줄 것 같은 H502가 눈에 들었던 것이라고 K277이 말을 해주었다. 그들의 필요 때문에 친구가 되었다는 사실에 H502의 마음이 조금은 쓸쓸해졌다.

그래서 H502는 그들과 어울려 지냈지만, 속마음을 있는 그대로 터놓고 말할 수는 없었다. 무엇보다 상자 속에서 나름 잘 적응해서 살아가고 있는 K308이 상자 밖으로 나가는 것에 대한 이야기나 숲에 관한 이야기를 무척이나 싫어한다는 것을 알게 된 이후부터는 더욱 그랬다.

도심 속 불빛들이 풍뎅이들이 있는 방 창문으로 새어 들어오기는 했지만, 하늘이 몹시 어둡던 어느 날 밤이었다. 하늘에 구름이 무겁게 내려앉아 있는 것처럼 H502의 마음도 무겁게 가라앉아 있었다.

'혹시 그녀도 나처럼 컵에 담겨 이곳으로 오게 된 것은 아닐까? 그리고 이미 까마귀의 먹이가 되었을 수도 있어…. 아냐, 그럴 리 없어. 아마 우리가 있던 그 숲에서 아름다운 풍뎅이가 되어 나를 기다리고 있을 거야. 아… 그 숲은 이곳에서 얼마나 먼 곳에 있는 걸까? 과연 내가 죽기 전에 다시 그곳으로 돌아갈 수는 있을까?'

이런저런 생각에 쉽게 잠을 이룰 수 없었던 H502는 살그머니 자리에서 일어났다. 육풍들이 밤에 돌아다녀서는 안 된다고 했지만, 그는 발소리를 죽이며 상자 안을 배회하기 시작했다. 그렇게라도 하지 않으면 가슴이 답답해서 미칠 것 같았기 때문이었다.

대부분의 풍뎅이가 곤하게 잠이 들어 있었다. 야행성 풍뎅이들이 상자 안으로 들어온 순간부터 본능의 특성을 거의 잃어버린 것 같았다. 풍뎅이들이 풍뎅이들답지 않게 살아가고 있다는 생각이 들자 H502는 한숨이 나왔다. 자신도 잠들어 있는 풍뎅이들처럼 이것도 저것도 아닌 것으로 살다가 생이 끝날지도 모른다는 생각이 들자 가슴이 더욱 답답해져 왔다.

상자 안은 그가 생각했던 것보다 훨씬 넓은 곳이었다. 그는 육풍들에게 들키지 않으려고 최대한 조용히 움직이며 이곳저곳을 살펴보고 있는데 어디선가 들려오는 소리에 발걸음을 멈추었다. 그는 가만히 서서 소리가 나는 쪽으로 귀를 기울여 보았다.

'무슨 소리지?'

주위를 둘러보아도 움직이는 물체가 없었다. 하지만 아주 작지만 분명 어디선가 소리가 나고 있었다. 그는 자세를 최대한 낮춘 채 두리번거리며 소리가 나는 쪽으로 다가갔다. 그곳은 상자 벽을 따라 흙과 모래가 섞인 높은 돌무더기가 만들어진 곳이었다. 소리는 그 무더기 뒤편에서 들려오는 듯했다.

H502는 돌무더기 주위를 이리저리 살펴보았다. 하지만 소리가 나

는 쪽으로 가는 길이 보이지 않았다. 한참을 살펴보던 그의 눈에 두 개의 포개진 큰 돌 사이에 틈이 벌어져 있는 것이 보였다. H502는 그 틈으로 자신의 몸을 밀어 넣어 보았다. 그 틈은 보기와 달리 그가 충분히 들어갈 수 있을 만큼 꽤 큰 편이었다.

'정말 감쪽같이 해놓아서 자세히 보지 않으면 아무도 모르겠어.'

H502는 틈을 따라 들어가 보았다. 그곳에는 좁고 긴 길이 나 있었다. 그는 발을 조심스럽게 내딛으며 그 길을 따라 걸어 들어갔다. 이윽고 길이 끝나는 곳에 다다르자 밖에서 본 것과 달리 제법 넓은 공간이 나타났다. 그 공간의 돌들 사이로 밖으로부터 빛이 간간이 새어 들어오고 있었다.

그곳에 풍뎅이 한 마리가 무언가를 하고 있었다.

'어떤 녀석이지?'

하지만 그가 등을 돌리고 있어 그의 얼굴을 볼 수가 없었다. 그때 누군가 들어온 것을 알아차린 그가 돌아보았다.

"누구야?"

그는 뿔을 세우며 소리쳤다. 낯익은 목소리였다.

'G240?'

그가 G240이라는 생각이 들자 H502는 그의 앞으로 다가갔다.

"어어… 나야, H502."

G240도 H502의 목소리를 듣자 세웠던 뿔을 내려놓고 그의 앞으로 다가왔다.

"H502? 네가 여기에 어떻게…?"

지난번 인사를 나눈 이후로는 그와 한 번도 이야기를 했던 적이 없었다.

G240은 K308의 말처럼 다른 풍뎅이들과 어울리지 못하고 늘 혼자 지냈다. 그가 자신만의 꿈을 꾸고 있는 녀석인지 K308의 말대로 어울리기 힘든 엉뚱한 성격을 가진 녀석인지 멀리서 보아선 판단이 서질 않았다.

그래서 그와 이야기를 나누어 보고 싶었지만, K308의 눈을 피해 그를 만나기가 쉽지 않았다. 그런데 뜻밖의 공간에서 그를 보게 되자 H502는 내심 반가운 마음이 들었다.

"그러는 너는 여기서 뭘 하고 있는 거야?"

H502가 그에게 되물었다.

"나? 별것 아냐…. 잠이 오질 않아서 체조를 좀 하고 있었을 뿐이야."

H502는 그가 솔직하게 말하지 않는다는 생각이 들었다.

"그랬구나. 그렇다면 방해해서 미안해. 신경 쓰지 말고 계속해. 나는 이만 갈 테니까."

H502가 돌아서 가려 하자 G240이 그를 막아섰다.

"이 장소는 나만 아는 곳이야. 그러니 여기서 날 보았다는 이야기를 다른 녀석들에게 절대 하지 않았으면 좋겠다. 부탁한다. H502!"

G240의 진지한 표정에 H502는 머리를 끄덕였다.

"좋아. 네가 왜 이 시간에 이러고 있는지 솔직하게 말해준다면 어떤 녀석에게도 말하지 않을게."

그의 말에 G240이 피식 웃었다.

"너, 머리 좀 쓰는구나."

H502는 어깨를 으쓱해 보였다.

"자, 그럼 이리 와서 이걸 한번 들어올려 봐."

G240은 앞에 놓여 있는 돌멩이 하나를 가리켰다. H502는 그가 왜 그걸 해보라고 하는지 의아해 그를 빤히 쳐다보았다.

G240은 그가 그냥 우두커니 서 있자 자신의 뿔로 돌멩이를 들어올려 보였다.

"자, 이렇게 해봐!"

H502는 마지못해 그를 따라 돌을 들어올려 보았다.

"오! 제법인데. 이번엔 조금 더 큰 이걸로."

그는 옆에 있는 조금 더 큰 돌멩이를 가리켰다. 그것도 H502는 거

뜬히 들어올렸다. 그러자 G240은 이번에는 이전 것들보다 훨씬 큰 돌멩이를 가리켰다. H502는 그것은 좀 힘들겠다는 생각을 하며 들어 보려 했다. 역시 돌멩이는 꿈쩍도 하지 않았다.

"괜찮아. 그 정도 크기의 돌멩이는 큰 녀석들에게도 힘들 거야. 그런데 자 봐!"

G240이 H502 앞에 놓여있는 큰 돌멩이로 다가갔다.

'설마! 나보다 작은 녀석이… 괜히 허세 부리는 거겠지.'

하지만 G240은 H502의 예상과 달리 커다란 돌멩이를 단숨에 들어올려 보였다.

"와! 대단해!"

H502의 입에서 탄성이 절로 나왔다. 돌멩이를 땅에 내려놓은 G240이 미소를 지어 보였다.

"대단한 거 아냐. 너도 단련하면 이 정도는 할 수 있어."

"단련? 그럼 넌 그동안 이곳에서 이 돌멩이들을 가지고 단련을 해 왔다는 말이야?"

"응."

"무엇 때문에? 큰 녀석들과 싸우려고? 그 육풍들이랑?"

"처음에는 그것이 목표였었지. 너무 배가 고팠으니깐. 그 녀석들만 항상 먹이를 먼저 차지하는 것도 싫었고. 하지만 지금은 좀 더 큰 목표를 갖게 되었어."

"좀 더 큰 목표? 그럼, 혹시… 이곳을 나간다는 거?"

H502는 K308이 했던 말을 떠올리며 조심스럽게 물었다.

"으응…. K308이 너에게도 말했구나. 내가 쓸데없는 꿈을 꾸고 있다고 말이야."

H502는 그의 기분을 상하게 하고 싶진 않았지만, 머리를 끄덕였다. 그러자 G240이 그에게 따라오라고 말했다.

"너에게 보여 줄 게 있어. 이쪽이야."

그는 H502가 걸어들어왔던 길옆에 놓여져 있던 나뭇가지들을 치웠다. 그러자 또 다른 통로가 나타났다. G240이 먼저 그 안으로 걸어 들어갔다. H502도 어쩔 수 없이 그를 따라 들어갔다. 길은 구불구불 좁고 길었으며 몹시 경사져서 걸어가기가 쉽지 않았다. 한참을 비틀거리며 다다른 곳은 돌무더기 정상이었다. 그곳은 생각보다 매우 높아서 상자 안이 훤히 내려다보일 정도였다. 풍뎅이들이 있는 방에 나 있는 창문이 바로 눈앞에 열려 있는 것처럼 아주 가깝게 보였다.

"우와! 상자 안에 이런 곳이 있다니!"

H502가 탄성을 질렀다.

"쉿, 너무 큰 소리로 말하지 마! 다른 녀석들이 들을 수 있어."

G240이 그에게 목소리를 낮추라는 몸짓을 하며 말했다.

"여기는 대장이 있는 저 나뭇가지보다도 더 높구나. 난 저곳이 이 상자 안에서 가장 높은 줄 알았어."

그는 나뭇가지 위에서 곤히 잠들어 있는 대장 C42의 모습을 보며 말했다.

"그래, 여기는 상자 안이 훤히 다 보일 만큼 높아. 아무도 이런 곳이 있다는 것을 모르지. 여기서 보는 경치가 정말 멋지지 않아? 근데 여기서 정말 볼 만한 곳은 바로 저기야."

G240이 가리킨 곳은 H502도 보자마자 반해버린 열린 큰 창문이었다. 그 창으로 보이는 하늘에 검은 구름이 밤바람에 흩어지고 있었다. 하늘 아래에는 인간들이 사는 도시의 야경이 펼쳐져 있었다. 도시의 건물들과 자동차들이 아주 조그맣게 보였고 빌딩에서 나오는 불빛들이 아른거렸다.

H502는 풍뎅이들이 있는 방이 높은 빌딩의 고층 어딘가에 자리하고 있다는 것을 창 밖으로 보이는 야경을 통해서 짐작할 수 있었다.

"우리가 거대한 인간들의 도시 한복판에 있구나."

H502가 압도당한 채 말했다.

"그래. 우린 인간들의 거대한 도시 한복판에 있어."

G240도 창 밖을 바라보며 말했다.

"그런데 너는 왜 이곳에서 나가려고 해? 이 상자 밖으로 빠져나
간다 하더라도 위험한 인간들의 도시라는 걸 너는 이곳을 통해 다
른 녀석들보다 더 잘 알고 있을 텐데…. 여기서 나가려는 생각을 어
째서 멈추지 않는 거지? 나는 저 광경을 보니까 차라리 이 상자 안이
더 안전할 것 같다는 생각이 들어."

"너의 말처럼 여기가 더 안전할지도 몰라. 하지만 냄새를 맡아 봐.
너도 분명히 이 냄새를 맡고 있어."

"냄새라니? 무슨 냄새?"

"너도 거짓말을 하는 건 아니겠지? 아니면 너도 너 자신을 속이고
있는 거야? 다른 녀석들처럼? 어떻게 이 냄새를 맡을 수 없다고 하
는 거지?"

G240은 안타까운 눈빛으로 말했다.

H502는 그런 그를 잠시 바라보며 생각했다.

'설마, 꿈속에서 났던 그 향기가….'

H502는 숨을 깊게 들이마셔 보았다. 상자에 난 작은 구멍들 사이
로 미세하게 전해지는 향기, 이건 분명 숲의 향기였다.

"네가 말하는 그 냄새라는 게 내가 지금 맡은 이 숲의 향기를 말

하는 거니?"

G240이 찡그렸던 얼굴을 펴며 천천히 머리를 끄덕여 보였다.

"희미하긴 하지만 이 상자 안에 있는 다른 풍뎅이들 역시 이 냄새를 맡을 수 있어. 저 밖 인간의 도시가 아무리 거대할지라도 어딘가엔 분명 나무들이 있는 숲이 있어."

"난 이곳으로 오기 전에 있었던 숲의 향기를 내가 기억하는 것으로 생각했었는데 그게 아니었구나. 정말 숲의 향기가 나는 거였어."

"우리 풍뎅이들은 본능에 따라 아주 멀리 있는 나무라도 그 냄새를 맡을 수가 있어. 그렇다면 그건 바로 저곳 어딘가에 숲이 있다는 증거야. 하지만 이 안에 있는 풍뎅이들은 그것에 대해 인정하려고 하지 않아."

G240이 이제는 조금은 슬픈 표정이 되어 말했다.

"K308과도 숲에 관해 이야기했었구나."

H502는 그 둘의 대화가 어떠했을지 조금은 짐작할 수 있었다.

"K308은 상자 밖 이야기와 숲에 대해 말하는 것을 아주 싫어해. 더군다나 우리가 이 상자 속에서 숲의 냄새를 맡을 수 있다는 것도 인정하고 싶지 않아 했지. 그래서 이 멋진 언덕에 대해서 K308에게 말해줄 수가 없었어. 그런데 너에게 이곳을 보여주는 이유는 너는 숲의 존재를 그 녀석처럼 부정할 것 같지 않았기 때문이야. 너 또한 숲으로 돌아가고 싶어 한다는 걸 알아."

H502는 G240에게 자신의 마음을 들킨 것 같아 조금은 당혹스러 웠다. 그는 머리를 저었다.

"처음엔 그랬지만 지금은 아니야. 나도 너처럼 한동안 여길 빠져 나갈 궁리를 해보았지만 아무리 생각해보아도 이 상자를 빠져나갈 방법이 없어. 그건 정말 현실적으로 불가능한 이야기야. 기적 같은 일이 일어나서 이곳에서 빠져나간다고 해도 우리를 기다리는 것은 수많은 천적과 위험한 인간 세상이야. 그런데다 숲이 어디에 있는지 조차 모르는데 어떻게 그 위험을 모두 감수하고 갈 수 있겠어? 그건 자살 행위나…."

H502는 G240에게 심하게 말하고 있다는 생각이 들어 더는 말을 잇지 않았다. 그러나 G240은 H502의 말에 크게 신경 쓰는 것 같지 않았다.
"나에게도 여길 빠져나갈 방법이 보이지 않아. 그런데 말이야, 넌 기적을 믿어 본 적이 있니?"

H502는 쉽게 대답할 수 없었다.

그는 잠시 생각에 잠겼다가 말문을 열었다.

"글쎄, 내가 유충이었을 때 함께 있었던 친구들과 많은 이야기를 나누곤 했었어. 세상에 대해서, 성충이 되고 난 후의 목표에 대해서, 그리고 멋진 꿈들에 대해서 말이야. 운명이나 신이나 기적 같은 것들에 관해서도 이야기를 나누곤 했었지. 그때 우리는 운명은 정해져 있는 것 같기도 했지만, 기적이나 신의 존재도 믿었어. 하지만 이런 처지가 되고 보니 운명은 있어도 기적이나 신은 존재하지 않는다는 생각이 들어."

H502는 그에게 솔직하게 말했다.

"사실 나도 반신반의했던 건 마찬가지야. 그렇지만 난 기적을, 그리고 신을 믿어. 지금 그렇게라도 하지 않는다면 나는 여기서 한순간도 버틸 수 없을 거야."

그의 말을 듣고 나니 H502는 G240을 조금 이해할 수 있게 되었다.

'이 녀석도 무척이나 힘든 시간을 보내고 있구나.'

침묵이 이어졌다. 둘은 더 이상 대화를 나누지 못하고 돌무더기 언덕에서 내려왔다. 다시 어색한 사이가 된 그들은 짧게 인사를 하고 헤어졌다.

H502는 자신의 거처에 돌아와서도 G240과 나누었던 대화를 생각하며 한동안 잠을 이룰 수가 없었다.

'아무리 생각해도 우리가 숲으로 간다는 건 불가능한 일이야. 정말 기적이 일어나지 않는 한…'

하지만 한편으론 숲으로 가겠다고 하는 풍뎅이가 있다는 것만으로도 H502의 기분을 조금은 들뜨게 했다. 비록 그에게는 부정적으로 말했지만 갈 수만 있다면 그녀가 기다리고 있을지도 모를 그 숲으로 당장에라도 돌아가고 싶었다.

'숲으로 갈 수만 있다면… 그녀가 기다리는 그곳으로 갈 수만 있다면 얼마나 좋을까.'

그는 이런 생각을 하며 한동안 몸을 뒤척이다가 어느 사이 잠에 빠져들었다.

다음날, 여느 때처럼 풍뎅이들은 턱수염이 젤리를 넣어 주는 시간에 맞추어 상자 밖을 바라보고 있었다. K308은 H502 그리고 다른 두

풍뎅이와 함께 새로운 작전을 짰다.

"내가 지켜본 결과 저기 있는 저 녀석이 구멍이야."

K308은 육풍 중 몸이 다소 길쭉하고 갈색빛이 도는 풍뎅이를 가리켰다. 그는 L112였다.

"저 녀석은 힘은 센데 앞이 잘 보이지 않아. 그래서 젤리를 먼저 차지하고도 제대로 먹지 못하고 늘 뒤쪽으로 남겨. 우리는 미리 저 녀석 쪽으로 자리를 차지하고 있다가 한꺼번에 몰려가는 거야. 우리가 틈을 주지 않고 젤리를 둘러싸면 다른 녀석들은 가까이 오지 못할 거야. 그러니까 합심해서 빨리 움직여야 해."

K308의 말에 모두 머리를 끄덕였다. 젤리를 먹지 못하면 굶어 죽을 수도 있다. 생사가 달린 문제였다.

대장 C42, 그리고 육풍들이 젤리를 배부르게 먹고 난 후 물러가자 나머지 풍뎅이들이 남아 있는 젤리로 몰려들었다. K308과 그의 무리는 미리 계획한 대로 함께 앞으로 돌진했다. 그렇게 움직이니 K308 말대로 그들 곁으로 다른 풍뎅이들이 잘 접근하지 못했다. K308의 작전 덕분에 전날보다 더 많은 젤리를 먹을 수 있게 된 그들은 기분이 아주 좋아졌다.

"K308, 어떻게 이렇게 기발한 생각을 할 수가 있어?"

J141이 K308의 어깨를 자신의 어깨로 치며 말했다.

"그래, 앞으로 이렇게 하면 우리는 굶어 죽는 일은 없을 거야."

K277도 자신의 어깨를 그들의 어깨에 마주치며 말했다.

"뭘, 이런 걸 가지고 그래."

K308도 친구들의 칭찬에 기분이 무척 좋아 보였다. 하지만 H502는 그들과 함께 웃으며 주위를 둘러보다 그만 얼굴이 굳어지고 말았다.

제대로 먹지 못한 풍뎅이들이 몸을 똑바로 가누지도 못하고 기어가는 모습이 눈에 들어왔기 때문이었다. 몇 마리의 풍뎅이들은 더는 기어가지 못하고 그 자리에서 쓰러지는 녀석들도 있었다. 턱수염은 쓰러진 풍뎅이들을 상자에서 꺼내어 까마귀 세바스찬에게 던져 주었다.

'우리는 뭉친 덕분에 그나마 먹을 수 있었지만….'

H502는 마음이 무거워졌다.

"H502! 왜 그래?"

K308이 침울해진 H502를 보고 물었다.

"아… 아니… 아무것도 아냐."

H502는 K308에게 자신의 기분을 솔직하게 말할 수 없었다. K308은 다른 풍뎅이들에게도 친절하고 잘해 주었지만, 어느 정도의 선 이상을 넘기지는 않았다. H502 자신도 살아남기 급급한 상황에서 다른 풍뎅이들에게까지 너무 마음을 쓴다고 핀잔을 줄 것이 뻔했다.

다시 모두 잠든 밤이 되었다. H502는 잠든 척을 하고 있다가 친구들이 깊이 잠에 빠진 것을 확인하고 슬며시 자리에서 일어났다.

'그 녀석은 오늘도 그곳에 와 있을까?'

왜 그런지 모르겠지만, G240을 만나면 답답해진 가슴이 조금이라도 풀릴 것 같았다. 그는 옆에서 잠들어 있는 친구들이 깨지 않게 조용히 일어나 G240의 비밀공간으로 향했다. 그곳에 도착해보니 G240은 전날과 같은 모습으로 단련하는 데 집중하고 있었다.

"매일 이렇게 단련하는 거니?"

H502가 그에게 다가가며 물었다.

"H502? 또 너구나."

그는 H502가 다시 찾아온 것이 뜻밖이라는 표정으로 말했다.

"이렇게 단련하는 거 힘들지 않아?

"힘들긴 해. 하지만 하루라도 이렇게 하지 않으면 다시 원점으로 돌아가는 것 같거든. 그리고 이렇게 나를 계속 단련하고 있다는 것만으로도 나름의 희열도 있어."

G240은 들고 있던 돌멩이를 내려놓으며 말했다.

"난 네가 부럽다."

H502는 G240이 정말 부러웠다. 그는 그 무엇도 즐겁지가 않았다. 더더군다나 희열이라는 것은 느낄 수도 없었다. 앞으로도 그럴 것 같다는 생각이 들자 끔찍한 기분마저 들었다. H502의 어깨가 축 늘어진 것을 보고 G240은 다시 들어올리려던 돌멩이를 내려놓았다.

"낮엔 기분이 좋아 보이던데 그사이 무슨 일이 있었던 거야?"

H502는 G240이 자신을 보고 있었을 줄은 몰랐다. 사실 그도 G240을 지켜보곤 했다. 몸집이 작은 그가 풍뎅이들 사이에서 젤리를 먹는 모습을 보며 생각했었다.

'저 녀석은 혼자인데도 왜 저렇게 당당할 수 있는 걸까?'

이런 생각을 하면서 그의 당당함이 내심 부럽기까지 했다. 희망이라곤 눈곱만큼도 찾을 수 없는 상황에서 자신의 목표를 위해 계속

몰두할 수 있는 그의 흔들리지 않는 마음도 몹시 부러웠다.

'저렇게 하는 힘은 어디에서 나오는 것일까?'

그도 숲으로 가고 싶고 무엇보다도 그녀를 만나고 싶지만, 아직도 그것이 현실 가능한 일로 여겨지지 않으니 가슴만 답답할 뿐이었다. 그런데 G240은 가능성이라곤 1%도 찾아볼 수 없는 상황에서도 흔들림 없이 목표를 가슴속에 품을 수 있다는 것이 H502에게는 무척 대단해 보였다.

"무엇이 옳은 것인지 잘 모르겠어."

H502는 조심스럽게 말문을 열었다.

"어제는 이미 마음을 정한 것처럼 말하더니 그사이 마음이 바뀐 거야?"

그의 말에 H502는 머리를 숙였다.

"어제 말했던 것처럼 이곳을 벗어나 숲으로 갈 수 있을 거라곤 지금도 생각하지 않아. K308 덕분에 이곳에서도 그럭저럭 생활해 나가고 있기도 해. 하지만 가슴속이 아주 텅 빈 느낌이야."

"표현하지 않아서 그렇지 그런 기분이 드는 건 다른 풍뎅이들도 마찬가지일 거야."

G240이 그를 위로하듯 말했다.

"넌 어떻게 조금의 흔들림도 없이 숲으로 가겠다고 마음을 먹을 수 있는 거지? 아무리 생각해도 가능성이라곤 전혀 없어 보이는데 말이야."

H502가 묻자 G240은 잠시 그를 쳐다보더니

"우리 어제 갔던 곳으로 갈까?"

라며 그에게 물었다.

그들이 언덕에 다다르자 전날 밤과 달리 창문 너머로 둥근달이 환하게 떠있었다.

"처음 이 상자 안에 들어왔을 때 나도 견디기 힘들 정도로 이곳이 싫었어. 나의 의지와는 상관없이 이런 상황에 놓여진 것이 괴로워서 신을 많이도 원망했었지. 방황도 많이 하고 아무것도 하지 않으려고도 해 보았어. 하지만 아무것도 하지 않으려고 하니까 생각은 더 많아지고 그러다 보니 오히려 마음만 더 괴로워지더군."

G240은 잠시 말 없이 창문을 바라보았다. 그리고 다시 말문을 열었다.

"그날도 마음이 괴로워 이렇게 창 밖을 바라보고 있었어. 그런데 문득 이런 생각이 들더군. 난 여기에 있다. 이 상자 안에 갇혀 있다."

"이 상자 안에 갇혀 있다고? 이 상자 안에 갇혀 있다는 것은 나도 알고 있고 여기에 있는 모든 풍뎅이도 알고 있어."

H502는 그가 너무나도 당연한 사실을 왜 말하는지 알 수가 없었다.

"물론 이 상자 속의 풍뎅이들이 다 아는 사실이지. 하지만 난 그것을 전적으로 받아들일 수가 없었어. 이 상자 밖 그리고 이 방을 벗어나 어딘가에 있을 숲, 바로 그곳에 있어야 할 내가 이곳에 갇혀 있다는 사실이 너무나 싫어서 현실을 계속 부정하고 싶은 마음만 가득했지. 그 현실을 부정하고 싶어하는 마음이 내가 할 수 있는 모든 것을 가로막고 있다는 것을 알지 못하고서 말이야. 그런데 창문 밖 하늘을 바라보는데 문득 깨닫게 된 거야.

'난 지금 상자 안에 있다. 이것은 불변의 진리다. 받아들이자.'

그렇게 현실을 그대로 받아들이기로 한순간 이상하게도 꽉 막혀 있던 가슴이 조금은 열리는 것 같았어. 그제야 마음에 공간이 생긴 거야."

H502는 G240이 하는 말이 무슨 말인지 조금은 이해가 되었다. 그도 상자 속에 갇혀 지내야 한다는 사실을 떠올리기만 해도 가슴속이

꽉 막혀 오곤 했다.

"그렇게 나의 상황을 받아들이고 나니 아이러니하게도 그렇다면 무엇을 해야 하는지도 확연해지더군."

"그 무엇이라는 것이 이곳에서 나가는 것이라는 걸 또다시 말하는 것은 아니겠지?"

H502는 다시 원점으로 이야기가 돌아오는 것 같아 조금은 맥이 빠져 버렸다.

"아니, 그 이야기가 아니야. 조금만 더 들어줘. 그 순간 숲으로 가야겠다고 마음을 먹은 게 아니야. 난 선택이라는 것을 하기로 했어."

"선택이라니? 무엇을 선택한다 하더라도 답이 보이지 않잖아. 여기에서 적응해서 잘 살겠다는 선택에도 상자 밖을 나가서 숲으로 가겠다는 선택에도 답은 보이지 않아."

H502는 가슴속이 다시 답답해졌다.

"바로 그것이 문제였어. 먼저 답을 찾으려 하는 것, 그것이 가장 큰 문제였던 거야, 우리의 내일이 어떻게 될지 아무도 모르는데 먼저 답을 찾으려고 했던 거야. 답을 찾으려 하면 할수록 문제만 더 크게 확대되어 보일 뿐이었어. 그래서 아무것도 선택하지 못하고 계속 불만인 상태로 살아가게 되는 거. 그게 가장 큰 문제였던 거야. 그래서 난 이런저런 문제들은 우선 접어 두고 내가 가장 원하는 것이 무엇인지에 대해 곰곰이 생각해보기로 했지. 위험, 가능성 등과 같은 문제를 접어 두고 생각해 보니 확연히 내가 무엇을 원하는 지가 분명해졌어."

"위험, 가능성 등과 같은 문제를 접고 생각한다면 물론 분명해지지."

H502도 그 부분에 대해선 동의할 수가 있었다.

"숲으로 가는 것!"

그들은 마주 보며 나즈막하게 외쳤다. 그러고 나자 H502는 웃음이 나왔다.

"거봐, 다시 그 이야기이잖아. 하지만 내가 숲으로 가고 있다는 생각만 해도 온몸이 짜릿해진다."

H502가 몸을 부르르 떨며 말했다.

"나도 너처럼 온몸이 짜릿해지더군. 그렇다면 난 숲으로 가는 것으로 선택하겠다고 결론을 내렸지. 숲으로 돌아가고 싶은 마음은 강렬한데 어쩔 수 없이 이곳에 머무를 수밖에 없다는 생각으로 살아간다면 젤리를 배부르게 먹게 되더라도, 편하게 생활하게 되어도 절대 행복해지지 않을 거야. 하지만 숲으로 돌아가겠다고 선택하는 순간부터는 젤리를 많이 먹지 못해도 불행하다는 생각이 들지 않았어. 다른 풍뎅이들이 나를 따돌려도, 육풍들이 나를 괴롭혀도 더 이상 그런 것들로 인해 마음이 괴롭지 않았어."

G240의 말에 H502는 한순간 머리를 얻어맞은 느낌이 들었다.

'생각을 조금 바꾸었을 뿐인데 이렇게 다르게 느껴지다니….'

G240은 이어서 계속 말을 했다.

"그리고 당장은 보이지 않지만 언젠가 숲으로 갈 기회가 반드시 올 거라고 믿기로 했어. 그 기회가 올 때를 대비해 준비를 해두어야 한다는 생각이 들었고 그러다 보니 그 목표에 맞추어 이곳에서도 할 수 있는 일을 자연스럽게 찾게 된 거야. 그래서 이렇게 단련을 시작하게 된 거야."

"그 기회라는 것이 영영 오지 않을 수도 있어. 결코, 이룰 수 없는 꿈인데도 그것을 준비하며 살아간다는 것이 헛된 일일 수도 있잖아? 많은 것을 인내하며 준비했는데도 결국은 이루어지지 않는다는 것을 알게 되면 이런 모든 노력이 너무나 허무해질 수도 있어."

H502는 그 생각에 이르자 다시 기운이 빠지고 말았다.

"너의 말대로 기회가 영영 오지 않을지도 모르지. 하지만 기회가 반드시 올 것이라고 믿으며 그것을 위해 준비하고 있는 것 자체만으로도 지금 난 행복해. 그렇지 않다면 내내 우울한 마음으로 시간을 보내다가 나의 생을 끝내게 될 거야. 난 그것이 더 허무하게 느껴져. 아무것도 해보지도 않고 시도도 해보지 않고 죽는다는 것이 더 후회스러울 것 같아. 나는 나의 꿈을 꼭 이루지 못해도 좋아. 꿈을 갖고 그 꿈을 향해 가고 있는 것만으로도 행복해질 수 있다는 것을 나는 이제는 알고 있으니까. 하지만 너에게 내 생각을 강요하는 건 아니야, 오해하지 않았으면 좋겠다."

H502는 그의 진지한 표정에 그동안 많은 사색을 했다는 것을 느낄 수 있었다.

"이런 이야기를 K308에게도 했던 거니?"

H502는 그들이 한때는 무척이나 친한 친구 사이였다고 J141이 말했던 것이 기억났다. G240은 머리를 끄덕였다.

"처음엔 K308을 설득하려고 무진장 애를 썼었어. 그 녀석도 나처럼 꿈을 꾸며 행복해지길 바랐거든. 그런데 그것이 나의 오만이었다는 것을 나중에 알게 되었지."

"오만이라고?"

G240이 그런 말을 하다니 뜻밖이었다.

"응, 오만⋯. 내가 생각한 것이 모두 옳다고 생각하는 거, 그게 오만이라는 걸 알게 되었어."

"K308과 무슨 일 있었던 거야?"

"아니, 특별한 일이 있었던 건 아니야. 내가 그 녀석을 너무 심하게 몰아붙였던 거야. 내가 이렇게 생각하니 너도 이런 식으로 생각하라는 식으로 계속 말했으니 그 녀석은 나와 이야기를 할 때마다 무척이나 답답했을 거야."

H502는 K308의 심정을 충분히 이해할 수 있었다. 아마 G240이 자신에게도 그의 생각을 계속 강요한다면 그의 생각에 동의하는 부분이 있더라도 심한 반감을 느꼈을 것이다.

"결국, 그 녀석은 조금씩 나를 피하기 시작하더군. 자연스럽게 그 똘마니들과도 소원해지고 난 완전히 외톨이가 되었어. 외톨이가 되고 나니 시간이 생겨서일까? 그 녀석 상황에서 생각해 보니 K308은 훨씬 오래전에 이미 선택이라는 것을 했다는 것을 알게 되었어."

그러고 보니 K308도 상자 안에서 나름 적극적으로 살아가고 있었다. 추구하는 것만 다를 뿐 흔들리지 않는 신념으로 지내고 있는 것은 G240과 많이 닮아 있었다.

"K308은 너도 알다시피 무척이나 똑똑한 친구야. 아는 것도 상당히 많고."

G240은 K308의 적극적인 행동이 떠올랐는지 피식 웃고는 계속 말을 이어갔다.

　"아주 현실적인 그 녀석은 아무리 생각해도 상자 밖으로 나갈 방법도 없고 숲으로 가는 것은 더더욱 불가능한 거라면 숲의 존재에 대해 잊기로 했던 거야. 실현 불가능한 일인데도 거기에 매달린다는 것이 그 녀석 성격에는 시간 낭비라고 생각했겠지. 그것이 그가 내린 결론이자 선택이었어. 그래서 머릿속에서 지워버리려고 하는데 나는 자꾸 숲으로 가야 한다고 하니까 그 녀석은 나와 이야기하는 일이 가장 괴로운 일이 되었을 거야. 이곳에서 삶의 의미를 찾으려고 최선을 다하고 있는 그에게 나는 훼방만 놓고 있었던 거야. 어리석게도 나는 그 녀석에게 도전조차 못하는 겁쟁이라고 했으니…. 그게 얼마나 오만한 생각인지… 왜 그때는 몰랐을까?"

　H502는 K308이 왜 G240을 무척 싫어하게 되었는지 이해할 수 있었다. K308은 자신에 대한 자부심이 강한 풍뎅이였다. 그런 그에게 G240이 K308의 생각이 틀렸다는 식으로 말을 했다면 심한 모욕감이 들었을 것이다.

　"그때 그를 대하던 나의 태도를 떠올리면 지금도 얼굴이 화끈거려. 상자 안에서 의미를 갖고 살아 보겠다는 것도 큰 도전이었어. 이곳에서 잘 살아가기 위해 노력하는 것도 어려운 일인데 그것도 모르고 난 그를 계속 괴롭히는 꼴이 되어버렸던 거야. K308의 선택도 나는 존중해 주었어야 했는데….”

G240은 더는 말을 잇지 못하고 몹시 괴로운 표정을 지었다. G240은 자신의 행동을 많이 자책하고 있는 듯했다.

“K308에게 이런 너의 마음을 솔직하게 말해보는 건 어떨까? 그럼 더 이상 너를 싫어하지는 않을 거야.”

하지만 H502의 말에 G240은 머리를 저었다.

“처음에 나도 숲으로 가기로 한 선택이 옳다고 생각한 것처럼 K308 역시 내가 꿈꾸는 것이 틀렸다고 생각하고 있어. 우리 둘 다 그것이 옳고 그름의 문제가 아니라는 것을 알기 전에는 서로 터놓고 이야기하는 것은 어려울 것 같다. 더더군다나 그 녀석과 나와는 넘어설 수 없는 큰 벽이 하나 있어.”

“큰 벽이라니?”

“그건 나중에 말해 줄게. 그리고 너에게도 내 생각을 강요하는 건 아니라는 걸 다시 한 번 알아주었으면 좋겠어. 살아가는 데 각자 의미를 두는 것이 다르니까. 사실 가장 중요한 건 바로 그 의미가 있을 수 있느냐 없느냐일 지도…. 이런! 우리 너무 늦은 것 같다. 벌써 새벽이 오고 있어.”

그가 일어서며 말했다.

H502도 시간이 그렇게 흘렀는지 몰랐다. 그도 따라 일어서며 말했다.

"G240! 고마워. 여전히 결론을 쉽게 내릴 수는 없겠지만 도움이 많이 되었어."

H502는 그와 함께 고민을 나눌 수 있어서 정말 좋았다.

"나도 너랑 이야기하는 것이 즐거웠다. 또 보자."

"그래, 또 보자."

그들은 다른 풍뎅이들이 알아차리지 못하도록 최대한 조용하고 빠르게 각자의 거처로 돌아갔다.

H 5 0 2 　 S T O R Y

03
뜻밖의 대결
바뀌는 운명

당신은 결국 마음속으로 정하는 그것이 된다.

너대니얼 호손

턱수염이 상자에서 대장 C42를 꺼내어 손에 들고 있던 작은 상자 안에 넣었다. 풍뎅이들은 C42가 대결하러 떠나는 모습을 경외감과 두려움으로 바라보고 있었다.

"이번에도 돌아올 수 있을까? 대장은 이미 나이가 너무 많아."

겁이 많은 J141이 K308에게 물었다.

"대장은 노련해. 분명 잘하고 올 거야."

K277이 자신의 바람을 담아 말했다.

"오늘은 꼭 이겨야지. 그렇지 않으면 화가 난 턱수염이 우리를 저 까마귀밥으로 던져 버릴지도 몰라."

K308도 걱정스러운 표정으로 말했다. H502는 그들의 대화를 들으며 턱수염이 문밖으로 나가는 것을 바라보았다. 그때 턱수염과 함께 나가던 까마귀 세바스찬이 잠시 그들을 향해 돌아보았다. 그와 눈이 마주친 H502는 잠시 자신의 눈을 의심해야 했다.

'설마!'

까마귀 세바스찬이 풍뎅이들을 쳐다보며 이렇게 말하고 있는 것처럼 보였기 때문이다.

"상자 밖으로 쉽게 나갈 수 있는 걸 저 녀석들은 왜 모르는 거지? 멍청한 풍뎅이들!"

H502는 자신이 망상을 하고 있다는 생각에 머리를 흔들었다.

"너희들 그런 말 들었어? 요즘 그 소문 때문에 풍뎅이들이 야단이야." J141이 주위를 둘러보고 나서 최대한 목소리를 낮추며 그들에게 말했다.
"우릴 구원해 줄 풍뎅이가 올 거라는 거?"
K308이 관심 없다는 듯한 표정으로 심드렁하게 말했다.

"맞아, K308. 곧 구원자가 올 거라고 해. 그걸 믿는 녀석들이 들떠서 야단법석이야."

K277이 눈을 커다랗게 뜨며 말했다. 그는 흥분하면 눈을 크게 뜨는 버릇이 있었다.

"아마 저 녀석을 두고 그러는 것 같은데 쓸데없는 소리야. 모두 헛소리라고."

모여 있던 풍뎅이들이 K308이 가리키는 쪽을 바라보았다. 그가 가리킨 곳은 벽 선반 위에 놓인 수많은 플라스틱 컵들 중 유난히 노란빛이 도는 컵이었다. 그 컵에는 'Q355'라고 적힌 라벨이 붙어 있었다.

"두려움이 커지고 절망감이 깊어지면 신이나 그 무엇인가가 구원해 주길 바라는 마음도 커져. 그러다 보면 정말 구원자가 되어 줄 무언가를 찾게 되고 그것이 진실이든 거짓이든 믿게 됨으로써 그나마 힘든 상황을 버티는 힘을 얻게 되지. 도저히 자신의 힘으로는 현실을 감당할 수 없으니 그 구원자가 해결해 줄 것이라고 굳게 믿게 돼. 하지만… 결과는 뻔해."

K308의 냉소적인 말에 모두 그의 얼굴을 바라보았다.

"시간이 지나면 결국 아무것도 일어나지 않는다는 것을 알게 돼.

그래서 구원자로 여겨지던 그 풍뎅이는 그를 따르던 풍뎅이들에 의해 몰락하는 일만 있을 뿐이야."

K308의 말에 J141이 한숨을 쉬었다.

"K308! 너는 똑똑하긴 한데 너무 비관적이야. 그래도 난 구원자가 있었으면 좋겠다. 이 상자에서 벗어나지 못한다 해도 배부르게 젤리, 좀 더 바란다면 진짜 과즙이나 달콤한 수액을 맘껏 먹어 볼 수만 있다면 정말 좋겠어. 배가 고픈 건 정말이지 너무 힘들어."

J141은 행복한 얼굴로 달콤한 수액을 먹는 시늉을 했다.

"바람 따윈 처음부터 갖지 않는 것이 좋아. 괜히 기대했다가 그것이 이루어지지 않는다는 것을 알게 되면 실망감만 더 커질 뿐이야."

K308은 차갑게 잘라 말하고는 돌아섰다. 다른 풍뎅이들도 씁쓸해진 표정으로 K308을 따라 그들의 거처로 갔다. 하지만 H502는 그 자리에 서서 K308이 가리켰던 컵을 물끄러미 쳐다보았다.

'정말 구원자라도 나타나서 우리를 숲으로 데려가 주었으면 좋겠다….'

그렇게 생각하다가 H502는 이내 깊은 한숨을 쉬며 머리를 아래로 떨구었다. K308의 말처럼 그건 얼토당토않은 일이었다. 처음부터 기대하지 않는 것이 속 편한 일인지 모른다. H502도 몸을 돌려 친구들이 있는 거처로 돌아갔다.

턱수염이 C42를 데리고 간 지 얼마 되지 않아 옆방에서 인간들의 요란한 고함이 들려왔다.

"넘겨! 넘겨!"

"야! 힘을 내란 말이야!"

"밀어! 밀어!"

옆방에서 들려오는 소리로 풍뎅이들은 C42가 다른 곳에서 온 장수풍뎅이와 격렬한 대결을 벌이고 있다는 것을 알 수 있었다. 사내들의 고함이 한동안 계속되더니 익숙한 턱수염의 환호소리가 울려 퍼졌다.

"이겼다. 이겼어!"

"대장이 이겼다!"

턱수염의 목소리를 듣고 한 풍뎅이가 소리쳤다.

풍뎅이들이 문쪽을 향해 몰려갔다. C42가 작은 풍뎅이들에게는 두려운 대상이지만 그래도 그가 이기는 날에는 평소보다 많은 양의 젤리를 먹을 수 있어서 모두 그의 승리가 무척이나 기뻤다.

육풍들은 거들먹거리며 그들의 대장이 빨리 돌아오기를 기다렸다. 다른 풍뎅이들도 문쪽을 바라보며 숨을 죽이고 기다리고 있었다. 드디어 문이 열리면서 술에 취해 얼굴이 상기된 턱수염이 들어섰다. 턱수염이 손에 들고 있는 작은 상자 속에 담겨있는 C42는 무척이나 지쳐 보였다.

하지만 턱수염의 기분은 무척이나 좋아 보였다. 그는 C42를 작은 상자에서 꺼내어 자신의 손바닥에 올려놓았다. 그리고 그의 등을 몇 번이나 쓰다듬고 나서야 상자 안으로 넣어 주었다. 육풍들이 C42의 곁으로 몰려갔다. 그는 반갑게 다가가는 육풍들에게 쉬고 싶다며 뒤로 물러나 앉았다.

턱수염은 그날 투전에서 벌어들인 수입이 꽤 좋았는지 젤리를 한 아름 안고 와 상자 안으로 넣어 주었다. 하지만 C42는 웅크리고 앉아 있을 뿐 젤리가 놓인 곳으로 오지 않았다. 육풍들이 그를 둘러싸고 걱정스럽게 쳐다보았다. 그런 그를 턱수염이 혀를 차며 내려다보았다.

"이 녀석 수명이 다한 거 아냐?"

그는 손가락으로 C42를 건드려 보았다. C42는 여전히 몸을 웅크리고 엎드린 채 꼼짝을 하지 않았다.

"아무래도 오늘 밤을 넘기질 못할 것 같다."

K308이 목소리를 낮추어 그의 친구들에게 말했다.

"그럼 어떻게 되는 거지?"

불안한 목소리로 J141이 물었다.

"이제 대장이 되기 위한 육풍들의 대결로 한동안 이곳이 소란스러울 거야. 대결에서 지게 되면 모두 까마귀의 밥이 되니까 목숨을 걸고 싸우겠지."

"대장이 정해지면 나머지 육풍들은 까마귀밥이 된다니 그건 무슨 말이야?"

K308의 말에 다소 의아해진 H502가 물었다.

"비록 대결에서 이겨 대장이 된다 해도 몸집이나 힘이 비슷한 녀석들이 여전히 자신의 주변에 있는 것이 더 위험할 수도 있어. 한때 같은 처지였던 녀석들이 그에게 쉽게 충성하지도 않을 테고. 대장이 된 풍뎅이는 곁에 둘 녀석들을 마음에 드는 풍뎅이들로 다시 뽑기 때문에 기존 육풍 중에서 다시 육풍이 되는 경우는 거의 없어. 보통 작은 풍뎅이 중에서 힘세고 싸움도 잘하고 무엇보다 그에게 충성할 수 있는 녀석들이 다음 육풍으로 선발되지. 대결에서 진 육풍들은 까마귀의 밥이 되는 신세가 되는 거고."

H502는 K308의 설명을 듣고 나니 한없이 부러워 보였던 육풍들의 삶도 결코 만만한 것이 아니라는 것을 알게 되었다.

K308의 말대로 그날 밤 C42는 육풍들이 지켜보는 가운데 숨을 거두었다.

다음 날 턱수염은 여전히 꿈쩍도 하지 않는 C42를 살펴보았다.

"이런, 어제부터 이상하더니만, 밤사이 죽어버렸네. 쯧쯧."

턱수염은 C42를 상자에서 꺼내어 까마귀 세바스찬에게 던져 주었다.

큰 몸집과 카리스마가 있는 눈빛으로 풍뎅이들을 단번에 제압하던 풍뎅이들의 대장이자 인간들 투전판에서 승리자였던 그도 죽음에 있어선 다른 풍뎅이들처럼 그저 비참한 존재일 뿐이었다. 세바스찬의 부리 속으로 들어가는 C42의 마지막 모습을 보자 H502는 괴로운 마음에 얼굴을 돌렸다.

턱수염은 플라스틱 컵 중에 성충이 된 풍뎅이가 없나 살펴보았다. 번데기방에서 나온 몇 마리는 마음에 들지 않는지 곧바로 세바스찬의 먹이로 던져주었고 이제 상자 속으로 들어올 신참 풍뎅이는 없어 보이는 듯했다.

"세바스찬! 요즘 풍뎅이들의 상태가 왜 이런지 모르겠다. 다른 공급처를 알아봐야겠어. 다들 왜 이 모양…."

투덜거리던 턱수염이 갑자기 말을 멈추고 컵 하나를 집어 들었다.

"이 녀석 특이하게 생겼네."

턱수염이 플라스틱 컵에서 꺼낸 풍뎅이는 유난히 노란빛을 띠던

바로 그 Q355였다.

"드디어 구원자가 깨어났어!"

지켜보던 풍뎅이 중 한 녀석이 소리치자 모두 턱수염이 집어 들고 있는 Q355를 바라보며 웅성거리기 시작했다.

노란빛의 풍뎅이는 다른 풍뎅이에 비해 몸집이 매우 커 보였다. 하지만 몸을 전혀 움직이지 않았다.

"죽었나?"

턱수염이 Q355의 뿔을 건드려 보았다. 그러자 Q355의 몸이 꿈틀거렸다. Q355가 살아 있다는 것을 확인한 턱수염은 상자 안에 그를 넣고 한동안 지켜보았다. 시간이 흘러도 Q355가 그 자리에서 꿈적도 하지 않자 지겨워진 턱수염은 방을 나가버렸다.

그를 따라 나가던 까마귀 세바스찬이 머리를 돌려 상자 쪽을 바라보았다. 그때 숨죽여 지켜보던 H502의 눈과 그의 눈이 또다시 마주쳤다.

"뭘 봐?"

세바스찬이 이렇게 묻는 것 같아 H502는 화들짝 놀라 고개를 숙이고 몸을 웅크렸다.

'내가 아무래도 미쳐가고 있는 거야.'

그는 정신 차리자며 머리를 흔들었다.

풍뎅이들은 여전히 꼼짝하지 않고 엎드려 있는 Q355 곁으로 몰려들었다.

"와! 정말 크다! 이렇게 큰 풍뎅이는 처음 봐."

가까이서 본 Q355의 몸집은 대장이었던 C42보다 두 배는 더 커 보였다.

"그런데 왜 전혀 움직이지 않는 걸까? 혹시 아픈 건 아니겠지?"

한 풍뎅이가 뿔로 그를 조심스럽게 건드려 보았다.

"그만해! 구원자를 건드리는 녀석은 우리가 가만두지 않겠어!"

몇 마리의 풍뎅이들이 다가와 Q355의 주위를 둘러싸며 소리쳤다. 그들은 Q355가 상자 안으로 들어오기 전부터 구원자가 올 거라고 굳게 믿던 풍뎅이들이었다. 그때 육풍 중 한 마리가 나섰다.

"구원자라니 그게 무슨 소리야?"

육풍 중 가장 험악한 C208이었다.

"너희도 구원자를 건드리면 큰 벌을 받을 거야. 그러니까 어떻게 할 생각하지 마!"

Q355의 곁에 선 풍뎅이 중 한 마리가 소리쳤다. 평소에 육풍들 앞에서 머리도 들지 못할 정도로 겁이 많던 작은 풍뎅이들이 목숨도 내걸 것처럼 막아서자 육풍들도 더는 그들을 어떻게 하지 못하고 그 자리에서 떠났다. 지금 그들에겐 그것이 문제가 아니었다. 곧 살벌

한 대결을 앞두고 있기에 구원자라는 풍뎅이에게까지 마음을 쓸 여유가 없었다.

C42가 죽은 지 한나절이 지났건만 K308의 말과 달리 상자 안은 조용하기만 했다. 구원자로 불리는 Q355도 여전히 미동조차 없었다.

"K308! 왜 이렇게 다들 조용한 거야?"

여기저기를 힐끔거리며 K277이 말했다.

"이렇게 조용하니깐 더 불안해."

J141이 겁에 질린 눈으로 K308을 쳐다보았다.

"기다려 봐! 아직 다들 눈치를 살피고 있으니까. 육풍들은 지금 한참 고민 중일 거야. 일인자가 되기 위해 싸울 것인가 아니면 자기는 그 싸움에서 기권하고 목숨이라도 건질 것인가 하고 말이야."

"그런데 Q355는 왜 잠에서 깨어나지 않는 거야? 저 녀석이 구원자인지 아닌지 나는 그게 더 궁금해."

J141이 풍뎅이들이 몰려 있는 곳을 바라보며 말했다. K308도 Q355가 있는 곳을 바라보았지만, 그에 대해 아무런 말을 하지 않았다.

'K308은 Q355가 구원자가 아니라고 확신하겠지.'

H502는 K308의 얼굴을 살펴보았지만, 그가 무슨 생각을 하는지

읽을 수는 없었다.

"저길 봐!"

K277이 목소리를 높였다.

"드디어 시작했어!"

육풍 중 두 마리가 서로 뿔을 세우며 다가가고 있었다. 이윽고 그들의 뿔이 맞닿으며 대결이 시작되었다. 그들은 막상막하였다. 몇번이고 상대의 몸을 들어올려 뒤집으려고 했지만 쉽지가 않았다. 이윽고 다른 곳에서도 육풍 두 마리가 대결을 시작하였다. 풍뎅이들이 그들의 대결을 구경하기 위해 몰려들었다. 그냥 바로 기권을 선택한 육풍은 한 녀석뿐이었다. 그래서 각자 대결을 벌이느라 그들의 싸움은 깊은 밤까지 계속되었다. 마침내 앞은 잘 보이지 않지만, 힘이 무척이나 센 L112와 단단하고 날렵한 몸을 가진 J67 그리고 난폭한 성격의 C208만이 남았다. 모두 잠시 숨을 돌리고 있을 때 C208이 소리쳤다.

"나에게 덤빌 녀석은 지금 나와!"

그는 큰 소리로 외치며 자신의 뿔을 세워 보였다.

다소 지친 다른 두 육풍은 숨을 고르는 중이어서 선뜻 나서지 않았다.

그런데 그때

"내가 한번 상대해보겠어."

하며 앞으로 나서는 풍뎅이가 있었다. 그를 본 풍뎅이들은 모두 깜짝 놀랐다.
"저 녀석 미친 거 아냐?"
H502도 너무 놀라 까무러칠 뻔했다.

'G… 240?'

C208과 대결을 하겠다고 앞으로 나선 풍뎅이는 다름 아닌 G240이었다.
"저 녀석 어쩌려고 저러는 거지?"
K277이 흥분해서 목소리를 높였다.
"새로운 대장이 육풍 중 한 마리와 대결시켜서 이긴 녀석을 육풍의 멤버로 받아들인 경우는 있었지만 이렇게 대장을 뽑는 대결에 도전장을 내민 작은 풍뎅이는 지금까지 없었어."
K308이 다소 어두운 표정으로 말했다. H502도 G240이 걱정스러웠다. 그가 몰래 매일 단련해 왔어도 이렇게 큰 풍뎅이들에게 도전장을 내민 건 매우 무모해 보였다. 하지만 G240은 조금 긴장해 보였지만 의외로 차분한 모습이었다.

이윽고 육풍과 작은 풍뎅이 G240의 대결이 시작되었다.

모든 풍뎅이가 G240의 도전이 곧 허무하게 끝날 것이라 생각하며 지켜보았다. 하지만 그들의 예상과 달리 G240은 C208의 거친 공격에도 잘 버텼다. 한동안 방어만 하던 G240은 C208이 잠시 방심한 사이 뿔로 그를 번쩍 들어올려 한 번에 뒤집어 버렸다. 구경하던 풍뎅이들이 모두 놀라 함성을 지르기 시작했다.

"와! 저 작은 녀석이 큰 녀석을 들어올렸어."

"정말 대단해! 힘이 장난이 아니야."

G240의 승리에 충격을 받아 입만 벌리고 서 있는 풍뎅이들도 있었다. H502도 자신의 눈을 믿을 수가 없는 건 마찬가지였다.

상자 안은 이내 흥분의 도가니가 되었다.

"G240! G240! G240!"

풍뎅이들이 그에게 열렬히 환호하기 시작했다. G240은 환호의 보답으로 그들에게 뿔을 세워 보였다. 그러자 풍뎅이들이 더 크게 함성을 지르기 시작했다. 숨을 고르며 쉬고 있던 나머지 두 육풍도 깜짝 놀라 자리에서 일어났다.

"우연이야. 우연히 운이 좋았던 것뿐이야."

큰 함성 속에 누군가 이렇게 말하고 있었다. 돌아보니 K308이었다.

'정말 운이 좋았던 것일까?'

H502는 이렇게 생각하며 풍뎅이들에 의해 둘러싸여 있는 G240을 바라보았다. 그는 나머지 두 육풍을 향해 뿔을 세워 보였다. 도전을 받겠다는 표시였다.

그에게 먼저 도전을 한 풍뎅이는 앞은 잘 보이지 않지만, 굉장히 힘이 센 갈색 풍뎅이 L112였다. 힘으로 보자면 육풍 중 가장 센 녀석이었다.

"G240! G240!"

풍뎅이들이 다시 G240을 연호하기 시작했다.

G240은 이미 L112가 앞이 잘 보이지 않는다는 것을 알고서 그의 빈틈을 찾으며 이리저리 움직였다. 그리고 L112가 G240의 움직임을 놓친 순간 그의 옆으로 재빠르게 다가가 그의 뿔을 잡고 허공 위로 뛰어올랐다.

그리고 공중에서 G240이 몸을 틀자 L112가 옆으로 기우뚱하더니 몸의 중심을 잃고 뒤집어졌다. 그 순간 G240은 재빠르게 잡고 있던 뿔을 놓으며 안전하게 바닥으로 착지했다. 뒤집어진 L112는 자신의 몸을 똑바로 세우기 위해 안간힘을 써보았지만 역부족이었다.

G240의 승리였다.

"와!"

그가 이겼다는 것을 확인한 풍뎅이들이 상자가 터질 듯이 함성을 질렀다.

"G240! G240!"

풍뎅이들은 G240을 더 열렬히 연호하기 시작했다.

'G240! 넌 이 대결도 이미 준비하고 있었구나.'

H502는 마음속으로 이렇게 말하며 옆에 서 있는 K308을 바라보았다. 그는 얼굴이 굳은 채 입을 다물고 있었다.

"G240! 이제 나와 마지막 대결이다."

육풍 J67이 숨을 고르고 있는 G240에게 호기롭게 외친 후, 그의 앞으로 뿔을 세우며 다가갔다. G240도 숨을 한 번 크게 가다듬고는 뿔을 세우며 그에게 다가갔다.

다시 대결이 시작되었다. 하지만 이번 대결은 쉽게 끝나지 않았다. 이 마지막 대결에서 이기는 풍뎅이가 대장이 되기 때문에 그들은 남아 있는 모든 힘을 다해 겨루었다. 틈을 엿보며 서로 상대의 몸을 뒤집어 보려고 하지만 둘 다 꿈쩍도 하지 않았다. 밀고 밀리는 싸움이 계속되었다. 그렇게 오랜 시간 잘 버텼지만 아쉽게도 G240은 노련한 J67의 상대가 되지 못했다.

온힘을 다해 버티던 G240은 J67의 뿔에 의해 결국 몸이 뒤집어졌다. 대결이 끝난 것이다. G240을 평소에 좋아하지는 않았지만 내심 그가 이겨주길 바라며 응원했던 풍뎅이들은 실망감을 감출 수가 없었다.

새로 대장이 된 J67은 자신의 무리에 속할 육풍들을 정하기 시작했다. 그는 그동안 눈여겨 보아왔던 작은 풍뎅이 중 몸집이 다소 크고 힘이 세 보이는 풍뎅이 다섯 마리를 선택했다.

"왜 다섯 녀석만 뽑는 거지?"

"이번에는 다섯 마리만 뽑는 게 아닐까?"

하며 풍뎅이들이 웅성거리고 있는 사이 J67이 G240에게로 다가가 뒤집어져 있는 그의 몸을 바로 세워 주었다. 여섯 번째 육풍으로 그가 낙점된 것이다.

"대결에서 진 풍뎅이들은 모두 응징을 당하는데 G240을 육풍으로 받아들였어."

그들을 지켜보고 있던 한 풍뎅이가 믿을 수 없다는 표정으로 수군거렸다.

"J67은 G240과의 대결이 마음에 든 거야. 싸움을 잘하는 G240을 육풍의 멤버로 두면 좋을 것 같다는 생각이 들었겠지."

이번에는 다른 풍뎅이가 수군거렸다.

'저 녀석과 좋은 친구가 될 수 있을 거라 생각했는데….'

G240이 일어서며 J67에게 미소 짓는 모습을 보며, H502는 좋은 친구 하나를 잃게 되었다는 생각에 서운한 감정이 들었다.

L112가 싸움에서 진 것은 K308의 무리에겐 좋지 않은 일이었다. 그나마 앞이 잘 보이지 않는 L112 덕분에 다른 풍뎅이들보다 더 많은 젤리를 먹을 수 있었던 그들은 그의 패배가 달갑지 않은 일이었다.

"G240은 이제부터 배부르게 먹을 수 있게 되어서 정말 좋겠어. 맘껏 먹어서 이젠 몸집이 큰 풍뎅이가 되겠지?"
J141은 G240이 몹시 부럽다는 듯 말했다. 하지만 조금은 수다스럽던 K308은 평소와 달리 조용하기만 했다.

H502도 기분이 복잡한 것은 마찬가지였다. 그것은 매우 의외였다. G240과 돌무더기 언덕에서 이런저런 대화를 깊게 나누었던 사이인데도 그가 그렇게 대결에 나서서 멋지게 해내는 모습을 보자 자신이 아주 초라하게 느껴졌던 것이다.
H502 자신은 여전히 어떻게 할지 결정도 못 하고 있는데 굳은 마

음으로 한발 한발 용기 있게 나아가고 있는 그의 모습에 내심 질투가 나는 것이다. 무엇보다 자신은 G240처럼 할 수 없을 거란 생각에 좌절감마저 들었다.

'저건 G240이라서 가능한 거야. 녀석은 원래 특별한 능력이 있었던 거야. 나는 그와는 달라. 난… 아무것도 할 수 없는 그저 무능력한 풍뎅이일 뿐이야.'

이런 생각에 H502는 숲으로 가는 일이 자신은 결코 이룰 수 없는 꿈같은 일로 느껴졌다.

'이런 생각을 하게 되다니…. 함께 기뻐하고 더 희망적이 되어야 할 텐데….'
이런저런 이유로 혼란스런 마음이 된 H502는 G240의 비밀공간에 더는 찾아가지 않았다.

H 5 0 2   S T O R Y

04
단순해지기
H502의 끊임없는 방황

원대한 꿈을 갖되 간결함을 유지하라.

아트 윌리엄스

다음 날 아침, 까마귀 세바스찬이 거대한 두 눈을 이리저리 굴리며 상자 안을 들여다보고 있어서 H502는 깜짝 놀라며 일어났다. 까마귀는 전날 대결에서 져 몸이 뒤집어져 있는 육풍들을 들여다보고 있었던 것이다. 이윽고 방문이 열리면서 턱수염이 들어왔다.

"세바스찬, 어디에 있나 했더니 여기에 와 있었구나."

턱수염이 까마귀가 서 있는 곳으로 다가왔다.

"이런, 이것들 보게나. 한바탕 전쟁을 치렀나 보군."

상자 안을 들여다본 턱수염이 혀를 차며 말했다. 그는 C42가 있던 나뭇가지 위에 J67이 있는 것을 보고 상자 뚜껑을 열었다. 그리고 새로운 대장 J67을 꺼내어 자세히 살펴보았다.

"이 녀석이 C42보다 잘 싸워야 할 텐데…."

이때 턱수염을 재촉하듯 세바스찬이 날개를 휘저으며 깍깍 울어 댔다.

"알았다. 알았어, 이 녀석. 보채기는."

턱수염은 J67을 내려놓고 패잔병들을 집어내어 세바스찬에게 던져 주었다. 신이 난 세바스찬은 바닥을 뛰어다니며 던져진 풍뎅이들을 부리로 집어삼켰다. H502는 그 광경을 차마 볼 수 없어서 눈을 질끈 감아버렸다.

'세상이란 곳은 참 잔인한 곳이구나!'

턱수염이 상자 안에 젤리를 넣어주자 J67이 당당한 걸음으로 다가가 가장 먼저 젤리를 먹었다. 그리고 난 후 기다리고 있던 G240을 포함한 새로운 육풍들이 젤리를 먹기 시작하자 K308 무리는 남은 젤리를 다른 풍뎅이들보다 먼저 차지하기 위해 준비 자세를 취했다.

"대장이 누가 되었든 간에 우리의 상황은 달라지는 것이 없구나."

K277이 새로운 육풍들을 부러운 눈길로 쳐다보며 말했다.

H502는 육풍의 무리 속에 있는 G240을 애써 보지 않으려고 눈길을 돌렸다.

그때 K308이 외쳤다.

"저건 뭐야?"

그의 외침을 출발신호로 알아들었던 풍뎅이들이 앞으로 돌진해 가려다 어딘가를 바라보며 K308이 그대로 서 있다는 것을 알아차리고 멈추어 섰다. 그리고 그들도 K308이 보고 있는 쪽을 바라보았다.

"Q355야!"

K277이 흥분하여 말했다. 잠을 자고 있을 줄 알았던 Q355가 풍뎅이들을 밀치며 젤리를 향해 돌진하고 있었다. 전날의 대결로 모두 그의 존재를 까맣게 잊고 있었던 터라 그의 갑작스러운 등장에 모두 경악하고 말았다.

Q355는 막 잠에서 깨어나 상자 속 규칙을 모르는 탓인지 젤리를 먹고 있는 육풍들 한가운데로 뛰어들어갔다. 육풍들이 Q355를 막아섰다.

"안 돼! 우리의 구원자가 위험에 빠졌어."

그를 구원자라고 믿는 풍뎅이들이 비명을 질렀다. 하지만 Q355가 대장과 육풍들에 의해 끔찍하게 응징당할 거라는 풍뎅이들의 예상은 빗나갔다. Q355가 막아서는 육풍들을 몸으로 밀쳐내자 모두 나가떨어지고 말았다.

"저 녀석 완전 괴물이야!"

K277이 흥분한 목소리로 말했다. 뒤로 물러나 있던 새 대장 J67도 갑작스럽게 나타난 영역 침입자에게 뿔을 세워 보이며 결투 자세를

취했다. 하지만 Q355는 J67에 아랑곳하지 않고 허겁지겁 젤리를 먹어대기 시작했다. 다시 한 번 육풍들이 몰려가 그를 밀어내려 했지만 Q355는 끄떡도 하지 않았다. J67도 육풍들도 모두 게걸스럽게 먹고 있는 그를 망연자실하게 지켜보고만 있어야 했다.

"구원자인 줄 알았는데…. 우리가 먹을 젤리를 저 녀석이 다 먹어치우겠어."

J141이 볼멘 목소리로 말했다. 그가 구원자이길 바랐던 상당수의 풍뎅이도 Q355의 행동에 크게 실망한 모습이었다. J67은 Q355를 어떻게 해야 할지 난감한 표정을 지었다. Q355는 자신을 쳐다보고 있는 풍뎅이들은 아랑곳하지 않고 배가 부를 때까지 맘껏 젤리를 먹고 나서야 자신의 자리로 돌아갔다. 그러고는 하품을 크게 한번 하더니 아무 일이 없었다는 듯이 엎드려 다시 잠을 청하는 것이었다.

"뭐 이런 황당한 경우가 다 있어?"

풍뎅이 중 한 마리가 소리쳤다.

"아직 성충이 다 되지 못했어."

K308이 낮은 목소리로 중얼거렸다.

"뭐? 그게 무슨 말이야?"

K308이 무슨 말을 하는지 제대로 알아듣지 못한 K277이 다시 물었다.

"너무 빨리 번데기방에서 나와서 아직 성충이 다 되지 못한 것 같다고."

K308이 벌써 깊은 잠에 빠져든 것처럼 보이는 Q355를 가리키며 말했다.

"저 녀석 외피를 봐. 아직도 물렁물렁해 보이잖아."

K308은 그의 친구들 이외의 다른 풍뎅이들은 듣지 못하도록 속삭이듯 말했다.

"아직 성충이 다 되지 않았는데 몸집이 왜 저렇게 큰 거야? 힘도 어마어마하잖아."

K277이 이렇게 묻자 K308은 친구들에게 가까이 오라는 몸짓을 했다.

"아무래도 돌연변이 같아."

"뭐? 돌연변이라고?"

J141이 깜짝 놀라며 목소리를 높였다.

"쉿! 목소리 낮춰! 확실한 건 아니야. 전에 어떤 풍뎅이한테서 들었던 기억이 나. 돌연변이 풍뎅이가 있다고."

"그렇다면 구원자가 아니잖아."

J141이 어깨너머 다른 풍뎅이들을 살피며 조심스럽게 말했다.

"다른 풍뎅이들한테는 아직 말하지 마. 괜히 큰 싸움이 날 수도 있어."

K308이 입단속을 시키자 모두 그에게 머리를 끄덕여 보였다.

K308과 그의 친구들은 혹시라도 남아 있는 젤리를 먹기 위해 달려 나갔다. H502는 그 자리에 남아 Q355를 바라보며 생각했다.

'구원자였으면 했어…. 이 끔찍한 상자 속에서 우리를 구원해 주길 바랐는데…. 사는 게 왜 이리 절망만 있는 것일까?'

Q355에게 내심 기대를 하고 있었을 줄은 H502 자신도 미처 몰랐던 일이었다. 그는 짧은 한숨을 쉰 후 친구들을 뒤따라갔다.

참나무가 가득히 들어선 숲이다.

그녀가 그에게로 점점 가까이 다가왔다. 그녀의 얼굴이 제대로 보이지 않는다. 분명 환하게 웃고 있는 것 같은데 얼굴이 또렷하게 보이질 않아서 H502는 계속 눈을 비벼 보았다. 하지만 여전히 그녀의 얼굴은 희뿌옇게 보일 뿐이었다. 눈을 크게 떠보지만, 앞이 잘 보이지 않았다. H502는 그렇게 안간힘을 쓰다가 자신이 꿈에서 깬 걸 알았다. 그는 여전히 숲이 아닌 상자 안에 있었다. '오랜만에 꿈속에서 본 그녀의 얼굴이 잘 보이지 않다니….' 다시 만나자는 그녀와의 약속이 여전히 머릿속에서 메아리를 치고 있는데 그가 기억하고 있는 그녀의 얼굴이 희미해지고 있다는 생각에 그는 자리에서 벌떡 일어났다.

주위를 둘러보니 다른 풍뎅이들은 모두 잠들어 있었다. H502는 자신도 모르게 상자 안을 배회하기 시작했다.

'내가 왜 여기에 온 거지?'

한참을 배회하다 정신을 차려 보니 그는 G240의 비밀공간이 있는 돌무더기 입구 앞에 서 있었다. H502는 안으로 들어갈 엄두를 내지 못하고 잠시 망설였다.

'육풍이 된 그가 설마 지금도 여기에 있을까?'

그렇게 한동안 망설이던 그는 돌무더기의 틈으로 난 길을 따라 들어갔다. 길이 끝나고 비밀공간이 나타나자 G240이 여전히 그 자리에서 자신을 단련하고 있는 모습이 보였다.

'저 녀석 정말… 변함이 없구나!'

그동안 젤리를 충분히 먹어서인지 그의 몸집이 제법 커져 있었고 전보다 더 큰 돌들이 그의 앞에 놓여 있었다. 그는 한순간도 쉬지 않고 꾸준히 단련해 오고 있었던 것이다.

'육풍이 된 지금은 여기서도 편하게 살 수 있을 텐데 저 녀석은 여전히 무섭게 노력하고 있구나.'

H502는 그를 다시 보게 된 것이 기뻤지만 반가운 마음을 접고 돌아섰다. 그를 볼 용기가 나지 않았기 때문이었다. 무엇보다 육풍이 된 그가 H502를 더는 반길 것 같지 않았다. 그런데 등 뒤에서 G240의 목소리가 들려왔다.

"H502! 오랜만에 와서 인사도 없이 그냥 돌아가는 거야?"

H502는 몸을 돌려 그를 바라보았다. G240이 희미한 불빛 아래에서 환하게 웃고 있었다.

그들은 예전처럼 돌무더기 언덕으로 올라가서 나란히 앉았다. H502는 어떻게 말을 건네야 할지 몰라 계속 창 밖만 바라보고 있었다.

"이제 완연한 여름이 되어가고 있는 것 같아."

G240이 어색한 분위기를 깨고 하늘을 쳐다보며 말을 건넸다. H502도 하늘을 쳐다보니 어두운 밤하늘에서 희미하게 별이 빛나고 있는 것이 보였다.

"어? 어. 그런 것 같네."

"요즘 잘 지내?"

G240이 H502의 얼굴을 살피며 물었다.

"응, 그럭저럭."

여전히 어색한 H502는 G240의 눈을 똑바로 바라볼 수가 없었다. 며칠 동안 젤리를 제대로 먹지 못하고 있는 H502와 그의 친구들은 사실 잘 지내지 못하고 있는 상황이었다.

"잘 지낸다니 다행이다."

G240이 머리를 천천히 끄덕이며 말했다. 다시 침묵이 흘렀다. 한동안 말없이 앉아 창 밖만 보던 H502는 침묵을 깨고 짐짓 밝은 표정으로 말했다.

"너 대결 때 정말 멋졌어."

"멋지기는… 휴~ 그때는 정말 무서워 죽는 줄 알았어."

G240이 과장된 몸짓으로 몸을 움츠려 보였다.

"무서워 죽는 줄 알았다고? 정말? 전혀 그렇게 보이지 않았어. 너, 정말 용감해보였어."

"아냐, 겉으론 그렇게 보였을지 모르겠지만 나서기 전에 몇 번이고 다짐해야 했어. '지금 하지 않으면 다시는 기회가 오지 않을 수도 있다. 그러니 지금 해야 한다. 지금!' 이렇게 말이야. 너무 무섭다고 징징거리는 나 자신과 얼마나 싸워야 했는지 몰라. 나 사실 알고 보면 무척 겁쟁이거든."

H502는 그의 말을 믿을 수가 없었다.

'녀석이 그렇게까지 두려워했다니….'

G240도 두려움이란 감정을 느낀다는 것을 H502는 한 번도 생각해 보지 못했었다.

"대결에서 이길 수 있을 거라는 확신을 한 거야? 나가기 전에 말이야?"

"솔직히 말하면 반반이었어. 그동안 단련을 하면서 충분히 할 수 있을 것 같다는 생각은 몇 번씩 들곤 했지. 그래도 과연 내가 해낼 수 있을까라는 의문도 항상 있었어. 대결에 나서기 바로 직전까지도 말이야. 그런데 나의 무의식은 나도 모르게 확신하고 있었다는 생각도 들어. 웃기는 논리지만 말이야."

H502는 그의 말에 자신의 가장 큰 문제점이 무엇인지 알게 되었다. 그는 무엇을 선택할지는 분명했지만, 그것을 해낼 자신이 전혀 없었다. 두려움이라는 감정이 그를 심하게 짓누르고 있어서 무엇을 할 엄두를 낼 수 없다는 게 가장 큰 문제였던 것이다.

그런데 G240은 그 두려움을 단련으로 극복하고 있었던 것이다. 매일매일의 단련이 그에게는 결코 쓸데없는 일이 아니었다. 단련은 그를 강하게 만들었고 자신감도 가질 수 있게 한 것이다. 그는 육풍들과의 대결도 예상하고 어떻게 싸울 것인가도 오랫동안 연구를 해 왔을 것이다. 그들을 주의깊게 관찰하면서 어떻게 대결할 것인지도 치밀하게 전략을 세웠을 것이다. 그에게 대결은 결코 무모한 도전이 아니었다. 충분히 승산이 있는 대결이었을 것이다.

아무도 그가 이렇게 무섭도록 자신을 단련해 왔다는 것을 보지 못 했기에 무모했다거나 한 번쯤 운이 좋았다거나 아니면 숨겨왔던 모 습을 드러낸 것이라고 말들을 하는 것이다. 그는 원하는 자신을 만 들기 위해 보이지 않는 곳에서 피나는 노력을 해왔던 것이다. 그의 노력이 얼마나 대단한 것인지 알게 되자 H502 자신은 G240처럼은 할 수 없다는 생각이 다시금 들었다.

"넌 이제 원하는 만큼 먹을 수도 있고 다른 풍뎅이들의 눈치도 더 이상 볼 필요도 없는데 여전히 숲으로 갈 생각이니?"

H502는 조심스럽게 그에게 물었다.

"넌 어떻게 생각해? 우리가 숲으로 갈 수 있을까?"

G240이 반문하자 H502는 짧은 한숨을 쉬었다.

"난 아직도 잘 모르겠어. 이 상자를 벗어나서 숲으로 간 풍뎅이도 없고, 숲으로 가는 길을 아는 풍뎅이도 없어."

H502의 말에 G240은 머리를 끄덕였다.

"너도 알다시피 난 이제 배부르게 먹을 수 있고 다소 편하게 지낼 수 있게 되었어. 하지만 그것이 나에게 큰 기쁨을 주는 것은 아니야. 전에도 말했듯이 나는 내가 세운 목표를 향해서 열심히 나아가고 있는 것에서 가장 큰 희열을 느껴. 나의 몸과 마음이 점점 강해지는 것으로도 기쁨과 뿌듯함을 느낄 수가 있었어. 작은 목표들일지라도 하나하나 이루어질 때마다 커다란 성취감도 느낄 수가 있었지. 그것은 누군가 나에게 줄 수 있는 기쁨이 아니야. 오롯이 나 자신의 노력으로부터 생기는 기쁨이지. 아마 아무런 목표 없이 지금 상태를 즐기기만 하는 삶이라면 나는 금방 지루해져서 못 견뎌 했을 거야."

"난 마음은 너무나도 간절한데 왜 이렇게 무엇을 할 엄두를 못 내는 걸까?"

H502는 자신이 무척 한심스럽다는 생각에 다시 한 번 큰 한숨을 쉬었다.

"네가 어떻게 생각하고 있는지 정확하게는 모르겠지만, 너무 많은 생각을 하고 있기 때문이 아닐까?"

"너무 많은 생각 때문이라고?"

"그래, 너무 많은 생각. 목표를 이루기 위해서 해야 할 일들에 대해, 그리고 거기서 만나게 될 문제점들에 대해 너무 많이 생각해서 무엇을 할 엄두를 내지 못하는 것일 수도 있어."

그의 말을 듣고 보니 수긍이 되는 부분이었다. H502는 내내 그를 가로막고 있는 장벽들과 결과를 알 수 없는 목표에 대한 회의로 가득 차 있었다.

"문제점들을 생각하지 않고 무언가를 한다는 것은 너무 무모할 수 있어."

H502는 G240의 말에 모두 수긍할 수 없는 점을 말했다.

"그건 너의 말에 전적으로 동의해. 어떤 목표를 잡을 때는 반드시 그 목표에 따르는 문제점들에 대해서도 미리 염두에 두어야 해. 그렇게 하지 않으면 일이 걷잡을 수 없을 정도로 커져서 나중에 되돌리려고 해도 이미 때가 늦을 수도 있어. 하지만 신중할 필요가 있다고 해서 미리 그 모든 것을 한꺼번에 염려하기 시작하면 그 무게감을 견디지 못하고 결국 아무것도 하지 못하게 되는 것도 좋은 건 아니야."

"바로 내가 지금 그 상황이야. 생각할수록 머리만 무거워져서 아무것도 하지 못하고 있는 상태 말이야."

G240이 H502의 마음상태를 꼬집어 말하고 있는 것 같아 멋쩍게 웃었다.

"나도 처음엔 너처럼 무엇을 할 엄두를 내지 못하고 방황하는 시간이 있었어. 그러다 단순하게 생각하자고 마음먹으니까 그때부터 무엇인가를 할 수 있게 되더군. 만약 내가 지금도 숲으로 갈 때 일어날 수 있는 위험 요인들과 내가 해야 할 일들에 대해 한꺼번에 계속

생각한다면 두려워서 한 발자국도 앞으로 나아갈 수 없을 거야. 그
때는 작게 나누어 생각할 필요가 있어. 먼저 숲으로 가기 위해 준비
해야 할 것들을 나열해서 생각해보고 지금 당장 할 수 있는 것을 선
택해서 우선 거기에만 집중하는 거야. 한꺼번에 많은 것을 해내야
한다는 생각에서 한 가지씩 해낸다는 생각으로 바뀌면 네가 느끼는
그 무게감은 훨씬 가벼워질 거야."

"한 가지씩 해낸다는 생각을 하니까 정말 한결 나아지는데."

G240의 조언을 들으니 H502의 머릿속이 벌써 가벼워지는 느낌이
었다.

G240은 그렇게 말하는 H502에게 환하게 웃어 보이며 말했다.

"그렇게 한 가지씩 해낸다고 생각하면 지금 해야 할 일에 집중할
수 있게 될 거야. 거기서도 나름의 즐거움을 느낄 수 있어. 무엇보다
그 일을 하나씩 해낼 때마다 넌 그만큼 성장하게 될 거고 그 성장이
다음에 할 일을 해낼 수 있는 능력과 어려움을 극복할 수 있는 인내
력을 갖게 할 거야."

G240의 진지한 충고를 듣고 나니 H502는 머릿속이 아주 맑아지
는 것 같았다.

'맞아! 나는 한꺼번에 너무 많은 문제에 대해 생각하고 있었어.'

H502는 그동안 늘 가슴이 짓눌리듯 답답했던 것이 문제만을 바라보고 있었던 것도 원인이라는 것을 알게 되었다. 생각이 여기에 미치자 그는 들뜬 마음이 되었다.

"나도 여기에 와서 너처럼 단련해도 될까?"

H502는 G240처럼 단련해보고 싶어 그에게 물었다.

"물론이야! 요즘 한참 게을러지려는데 네 덕분에 나도 다시 열심히 할 것 같다."

G240은 그에게 흔쾌히 대답해 주었다. 그들은 서로의 어깨를 마주치며 활짝 웃었다.

"너 혹시 까마귀가 말하는 걸 들어 본 적이 있니?"

헤어지기 전 H502는 G240에게 물었다.

"뭐? 까마귀가? 글쎄, 난 한 번도 들어 본 적이 없는데. 인간의 말은 들려도 까마귀라…. 그런데 그건 왜?"

H502의 갑작스러운 질문에 그는 의아한 표정을 지었다.

"아, 아냐."

H502는 G240이 자신을 이상하게 생각할까 봐 더는 말하지 않았다.

H 5 0 2   S T O R Y

05
낯선 냄새
보이지 않는 적

구하라, 그러면 너희에게 주실 것이요. 찾으라, 그러면 찾을 것이요.
문을 두드리라, 그러면 너희에게 열릴 것이니.

마태복음 7장 7절

G240의 말처럼 여름이 다가오고 있는지 무더운 날씨가 연일 계속되고 있었다. Q355는 여전히 제자리에 엎드려 잠을 자다가 먹을 때만 일어나 대단한 먹성으로 젤리를 먹어 치웠다.

Q355의 대단한 식성은 그의 몸집을 나날이 키워놓고 있었다. Q355의 몸집이 얼마만큼 커질 수 있을까 내기를 하는 풍뎅이들도 있었다. 대장 J67은 Q355를 어떻게 할 수 없어 무척 골치가 아파 보였다. 많은 풍뎅이는 자신들이 먹을 젤리를 Q355가 먹어치우는 것에 점점 더 격분하고 있었다.

그럼에도 그를 여전히 구원자라고 믿는 풍뎅이들도 있었다. 그런 풍뎅이들이 Q355의 주변으로 한두 마리씩 모여들기 시작했다.

"어서 잠에서 깨어나 우리를 구원해 주소서."

그들 중 몇 마리는 머리를 조아리며 그를 향해 기도를 하기도 했다.

한편 G240을 만나서 들떴던 H502의 마음은 친구들이 있는 거처로 돌아오자 전처럼 다시 무거워졌다. 그는 얼굴을 모랫바닥에 파묻으며 중얼거렸다.

"나는 왜 이 모양이지?"

G240을 만나서 열심히 해보겠다는 H502의 굳은 다짐은 그가 거처로 돌아오자 또다시 두려움에 휩싸이면서 이내 사라져 버렸다.

'내가 끈기를 갖고 과연 할 수 있을까? 나에겐 G240과 같은 근성이 없어. 그 녀석의 근성은 원래 타고난 거야.'

이런 생각을 하며 H502는 자신에게 변명해 보았지만 그렇게 변명하는 것조차도 마음에 들지 않았다. H502는 Q355 주변으로 몰려든 풍뎅이들을 조금이나마 이해할 수 있었다.

K308의 말처럼 그는 젤리를 축내는 거대한 돌연변이 풍뎅이일 뿐인지도 모른다. 그런 그에게 기도하고 있는 풍뎅이들이 H502에게도 한심스러워 보였지만 한편으론 Q355가 내심 기적을 만들어 그를 숲

으로 데려다 주었으면 좋겠다고 생각하기도 했다.

모랫바닥에 얼굴을 파묻고 있던 그는 뱃속에서 나는 요란한 소리에 머리를 들어올렸다. 우선 먹는 것부터 해결해야 할 텐데, 배가 고프니 더욱 의욕이 생기지 않았다. 그는 친구들이 어디에 있는지 살펴보았다.

그때 방문이 열리면서 턱수염이 들어왔다. 그는 여느 때처럼 선반의 플라스틱 컵에서 성충이 된 풍뎅이들을 선별하기 시작했다. 막 번데기방에서 나온 대부분 풍뎅이가 그날도 어김없이 세바스찬의 먹이가 되었다. 그 모습을 지켜보던 H502는 K308 말처럼 자신이 문득 저들에 비해 엄청난 행운을 가진 풍뎅이일지도 모른다는 생각이 들었다. K308은 가끔 우울한 표정을 짓는 H502와 다른 친구들을 보며 이렇게 말하곤 했다.

"이곳에서 살게 되었다고 너무 우울해 할 필요 없어. 우린 저 수많은 풍뎅이 중에서 살아남은 풍뎅이들이야. 여기도 나름 괜찮은 곳이야. 저 밖의 세상이 여기보다 더 나은 세상이라고 어느 풍뎅이도 자신 있게 말할 수 없어. 적어도 여기는 많은 천적으로부터 공격당할 위험은 없으니까. 그것 또한 엄청난 행운인 거야. 그러니 다른 생각하지 말고 여기서 다 함께 잘 살아가는 것에만 집중해."

K308의 말을 들을 땐 그의 말이 전적으로 맞는 것 같았다.

'그녀는 이미 죽었을지도 모른다. 나 또한 이곳에서 탈출한다고 해도 천적들에 의해 바로 죽임을 당할지 모른다.

비록 배부르게 먹을 수 있는 만큼은 아니어도 적어도 턱수염이 늘 젤리를 넣어주고 있다. 하지만 이 상자를 벗어나면 아예 먹을 것조차 구할 수 없을지도 모른다.'

머릿속이 이런 생각들로 가득 차오르자 G240과 이야기하면서 가졌던 굳은 다짐이 물거품이 되어 사라져 버렸다. 그래서 그는 G240과 단련을 하기로 했던 약속을 며칠째 지키지 못하고 있었다. 그는 다시 고민의 원점에 서 있었다. 어느 쪽을 택할 것인지에 대해선 G240이 말해 준 방법에 따라 생각해 보면 그는 여전히 숲으로 돌아가고 싶어 했다.

하지만 그것은 여전히 불가능한 일일 거라는 생각이 진드기처럼 붙어서 H502의 머리에서 떨어지지가 않았다.

'어휴! 지키지도 못할 약속은 하지 말았어야 했어.'

G240이 단순하게 생각하라고 했지만, 그와 헤어지고 나서 마주치는 현실은 그를 단순하게 생각하도록 내버려 두지 않았다. 그가 복잡한 생각으로 머리를 부여잡고 있는 동안 새로운 풍뎅이 한 마리가 상자 안으로 들어왔다. 그의 등에는 'S222'라는 번호가 적혀 있었다. G240을 비롯한 육풍들이 그를 둘러싸고 상자 속의 규율을 말해 주었다.

"K308, 저 녀석 몸집이 우리보다 더 작아. 그런데 여기에 어떻게 들어왔을까?"

J141이 K308, 그리고 K277과 함께 H502가 있는 쪽으로 다가오며 물었다.

"G240도 처음엔 우리보다 더 작았어."

K277이 K308을 대신해서 J141에게 대답했다.

"G240이 이렇게 공중 돌기를 할 때 정말 굉장하지 않았어?"

J141은 G240이 대결 때 공중 위에서 돌던 동작을 흉내 내며 말했다. 그 대결 이후 풍뎅이들 사이에선 G240의 동작을 따라 해보는 것이 한동안 유행이었다.

K308이 얼굴을 찌푸리자 J141은 동작을 멈추고 그의 눈치를 살폈다. 그때 냉랭해진 공기를 뚫고 명랑한 목소리가 들려왔다.

"안녕!"

목소리의 주인공은 신참 S222였다. 그는 모든 것이 낯설어서인지 여기저기 두리번거리며 그들에게 다가와 인사를 했다.

"안녕!"

K277은 어색해진 상황에 잘 되었다는 생각이 들어서였는지 그에게 반갑게 인사를 했다. S222는 붙임성이 좋았다. 모두 그의 이야기에 빠져들어 어느 사이 웃음꽃을 피웠다. 그는 자연스럽게 K308 무리의 멤버가 되었다.

"여기선 혼자서 살아남겠다고 할수록 더 힘들어질 수 있어. 그래서 서로 도와가며 함께 움직이는 것이 좋아. 우리 모두 힘을 합쳐 잘해 보자."

K308의 말에 모두 머리를 끄덕여 보였다. 그는 새로운 멤버가 들어온 것에 매우 흡족해 하였다. 그는 풍뎅이들이 함께 모여 있으면 육풍들이 쉽게 함부로 하지 못한다는 것을 잘 알고 있었다.

요즘 육풍들은 Q355 때문에 신경이 매우 예민해져 있었다. 그들 중 성격이 거친 녀석들은 작은 풍뎅이들에게 횡포를 부리며 분풀이를 하곤 하였다. 그래서 K308은 S222를 자신의 무리 일원으로 받아들인 거라고 말했을 때 H502는 잘 이해가 되지 않았다. 그러기에는 S222의 몸집이 너무 작았기 때문이었다.

이에 대해 K277이 H502와 단둘이 있을 때 예전 이야기를 해주었다. 한때 그들의 무리에 G240이 있을 때는 육풍들이 그들을 함부로 대하지 못했었다고 한다. G240이 몸집은 작았지만 육풍들의 기세에도 늘 당당했기 때문이었다. 그래서 K308은 한동안은 G240과 의기투합하며 잘 지냈던 것이다. 하지만 그들이 추구하는 바가 너무 달라서 그 관계는 그리 오래가지 못했다고 한다.

K308은 쓸데없는 생각에 매달리는 G240을 더는 받아줄 수가 없었다. 실현 가능성이 없는 일을 계속 말하는 그가 짜증스러웠고 어떤 위험이 도사리고 있을지도 모르는 세상 밖을 만만히 보는 그를 무척이나 한심스러워했다.

무엇보다 상자 속에서도 잘 적응해서 살아가려는 그를 겁쟁이로 여긴다는 것이 K308으로서는 가장 견디기 어려운 문제였다. 그는 어떤 풍뎅이들보다도 최선을 다해 열심히 살고 있었다. 헛된 꿈을 좇으며 허송세월을 보내는 대신 매일매일을 충실하게 잘 살아가고 있는 것에 나름 자부심도 느끼고 있었다. 하지만 G240은 때때로 그런 그에게 모욕감을 들게 했던 것이다. 결국, 그들은 말 한마디조차 건네지 않는 관계가 되었고 G240은 그들의 무리에서 떠나게 되었다고 한다.

G240은 그와 마음이 맞는 친구를 사귀어 보려고 여러 풍뎅이와 어울리는 듯했지만 결국은 혼자 지내는 모습이었다. 그와 이야기를

나누었던 풍뎅이들은 그가 뜬구름 잡는 이야기를 계속한다며 혀를 찼었다. K308은 G240과의 시간을 떠올릴 때마다 우울해지곤 했다.

그래서 되도록 G240에 대해 생각하지 않으려고 했던 것이다. 그가 상자 속에서 존재하지 않는다고 생각하는 것이 K308에게는 마음이 편했다.

그런데 뜻밖의 대결 이후로 육풍이 된 그를 자주 보게 되었고 다른 풍뎅이들에게 그에 관한 이야기를 끊임없이 들어야 했다. 그래서 그의 이야기가 나올 때마다 K308은 얼굴을 찌푸리곤 했던 것이다.

밤이 되었다. H502는 환한 달빛이 비치는 창문을 올려다보며 그날도 잠을 이루지 못하고 있었다. 돌무더기 정상에서 보았던 달은 그가 있는 장소에서 바라보는 것보다 훨씬 크고 가깝게 느껴졌었다. 그곳에서 G240과 나누었던 대화를 떠올리자 H502는 마음이 참참해졌다.

'G240은 이 순간도 어김없이 그곳에서 단련하고 있을 거야. 언젠가가 될지 모를 그날을 위해 준비하면서. 하지만 정말 그런 날이 올까?'

자신도 모르게 다시 그 문제를 생각하게 되자 그는 몸을 뒤척이기 시작했다. 어떤 생각도 하지 말자며 잠을 청해 보았지만 잠이 오질 않았다. 할 수 없이 그는 자리에서 일어났다.

'오늘 그를 만나러 가면 그는 분명 나에게 화를 낼 거야. 지키지도 못하면서 말만 내세우는 한심한 풍뎅이라고 하겠지.'

이 생각이 들자 그는 다시 엎드려 잠을 청해 보았다. 하지만 이내 다시 일어났다.

'비난하더라도 할 수 없지.'
그렇게 마음을 먹고 그는 G240의 돌무더기 비밀공간으로 찾아갔다. 그곳에 도착해 보니 뜻밖에 G240이 보이지 않았다.

'이상하다.'

그는 돌무더기 언덕으로 향하는 작은 길을 따라 올라가 보았다. 거기에 전보다 몸집이 커진 G240이 환한 달빛을 받으며 홀로 앉아 있었다. 누군가 다가오는 것을 느낀 그가 돌아보았다. H502가 서 있는 것을 보고 그는 작은 미소를 지어 보였다. 하지만 그의 얼굴이 다소 우울해 보였다. 의아해진 H502는 그의 곁으로 다가가 앉으며 물었다.

"아래에 네 모습이 보이지 않아서 궁금했었어. 여기서 쉬고 있었던 거야?"

"응. 이런저런 생각을 하던 중이었어."

"무슨 생각을?"

복잡한 생각 따윈 하지 않을 것 같았던 G240이었다. 무슨 생각을 하고 있었는지 궁금해져 G240의 얼굴을 바라보자 그는 상자 위를 가리켰다. 그가 가리킨 곳은 상자를 덮고 있는 거대한 뚜껑이었다.

"우리가 저 뚜껑을 열 수 있지 않을까?"

"음…. 글쎄, 그럴 수 있다면 이미 풍뎅이들이 여기에서 나가지 않았을까? 저 뚜껑은 우리 힘으로 열기엔 너무 거대해 보여."

"너도 그렇게 생각하는구나. 육풍들에게 말했더니 그 녀석들도 너처럼 똑같은 대답을 했어. 우리 힘으론 결코 저 뚜껑을 열 수가 없다고 말이야."

"육풍들에게도 물어보았다고?"

"응. 힘센 그 녀석들과 다 같이 밀어 올린다면 뚜껑을 열 수도 있겠다는 생각이 들어서 한 번 해보자고 했더니 모두 나를 비웃더군. 그 녀석들과 조금이나마 가까워졌는데 난 또다시 외톨이가 될 것 같다."

G240의 어깨가 축 처져 보였다.

"힘내! 너를 좋아하는 풍뎅이들도 있어."

H502는 그의 어깨를 치며 위로했다.

"아냐, 어떤 풍뎅이도 나를 좋아하지 않아."

G240은 풀이 죽은 모습으로 머리를 저었다.

"하지만 난⋯."

H502는 G240을 친구로 생각하고 있다고 말하고 싶었지만 그렇게 말할 수 없었다. 그와 한 약속도 지키지 않았던 그는 G240의 친구가 될 자격이 없다는 생각이 들었기 때문이다.

"괜찮아, 어차피 자신의 인생에 대해선 결국 혼자서 감내해야 해. 서로 의지할 친구가 있으면 좋겠지만, 친구가 있든 없든 결국 자신의 인생은 자신만이 살아가는 거야. 아무도 나를 이해해 주지 않아도 좋아."

그는 스트레칭을 하기 위해 몸을 쭉 뻗으며 말했다.

"그런데 넌 여기에 왜? 아직도 마음을 정하지 못한 것 같던데."

G240은 짐짓 쾌활한 목소리로 H502에게 물었다.

'넌 고민도 스스로 빨리 해결해 버리는구나.'

H502는 그의 물음에 어떻게 대답해야 할지 난감했다.

"그… 그게… 내가 왜 그동안 여기에 오지 못했냐 하면….'

H502가 더듬거리며 말을 잇지 못하자 G240이 미소를 지으며 말했다.

"괜찮아. 말하지 않아도 돼. 누구나 쉽게 확신하긴 어려워. 결심하기 전에 충분히 고민하고 방황해 보는 것도 괜찮아. 자신의 길을 선택하고 난 다음에 고민하게 되는 것보다 더 나을 수도 있어. 열심히 어디론가 달려가고 있다가 '아! 이 길이 아닌가 보다.'라는 생각이 들지만, 그때는 다른 길로 가기엔 너무 늦어버릴 수도 있으니까. 네가 이런저런 생각을 하며 방황하는 것도 때론 필요한 일이야. 오히려 그런 고민을 충분히 하는 것이 더 좋은 것일 수도 있는데 우리는 그것을 안 좋게 생각하는 경향이 있어. 그것도 필요한 과정일 수도 있는데 말이야."

H502는 G240이 전보다 더 성숙해진 것처럼 보였다.

"난 내가 무엇을 원하는지 확실히 알고 있고 네가 말한 것처럼 많은 문제를 한꺼번에 생각하지 않으려고도 해 보았어. 하지만 정작 가장 큰 문제는 그 원하는 것을 얻을 수 있는 능력이 과연 내게 있을까, 라는 의구심이야. 너로서는 노력도 해보지 않고 그런 말을 하느냐고 하겠지만 난 너처럼 근성이 있는 것도 아니고 K308처럼 머리가 좋은 것도 아니야. 그런 내가 무엇을 할 수 있을까?"

H502는 습관이 되어 버린 긴 한숨을 쉬었다.

"하하, 그러지 마. 왜 자꾸 네가 갖고 있는 능력을 과소평가하는 거야?"

"과소평가하는 것이 아니라 사실이 그래. 넌 모르겠지만 난 겁도 많고 우유부단하고 결심한 걸 하루도 지키지 못하는 녀석이라고. 너와 이야기를 나누었던 날은 나도 노력하면 너처럼 할 수 있겠다는 생각이 들었어. 하지만 나의 자리로 돌아가서 현실을 마주하게 되면 다시 전과 같은 생각을 하게 돼. 그리고 무엇보다 난 네가 아니야. 너이기에 가능했던 걸 나에게도 가능한 것으로 나 자신을 속이고 싶지는 않아."

우울한 목소리로 말하는 H502를 G240은 한동안 말없이 쳐다보았다. 그리고 말문을 열었다.

"난 우리 모두에게 다 특별한 능력이 있다고 생각해. 신이 우리 각자에게 부여한 힘. 난 그걸 믿어. 그리고 그 힘을 믿는 정도에 따라 우리의 운명이 달라진다고 생각해."

"신이 각자에게 부여한 힘이라고? 이렇게 상자 속에 갇혀 지내는 신세인 우리에게 신이 부여한 힘이 있다니… 말도 안 돼."

H502는 그의 말을 받아들일 수가 없었다.

"처음엔 믿기 어렵겠지만 분명 우리 각자에겐 자기만의 특별한 능력이나 힘이 있다는 걸 너도 느끼게 되는 순간이 올 거야. 그리고 두려움이 생긴다면 기도를 해봐. 전에도 말했듯이 나도 언제나 두려움을 느껴. 그런데 신에게 기도하고 나면 그 두려움이 많이 없어지곤 해."

"기도? 설마 너도 그 Q355를 구원자라고 생각하며 기도를 하는 건 아니겠지?"

"Q355?"

그는 터져 나오는 웃음을 참으려는 듯 얼굴을 구겼다.

"아니야. 나도 그 녀석이 어떤 녀석인지 많이 궁금하긴 하지만 그 녀석이 우릴 구원해 줄 거로 생각하지는 않아. 난 이 세상과 우주에 우리가 상상할 수 없을 만큼 어마어마한 힘이 존재한다고 믿고 있어. 그 힘을 신이라고 생각해. 그리고 그 신이 우리 각자에게 엄청난 능력을 주었다고 믿고 있어. 그렇게 믿지 않았다면 난 대결에 도전조차 못했을 거야."

"그런 힘 따윈 나에겐 없어. 내가 무엇을 할 수 있을지 그 능력에 대해 아무리 생각해 보아도 눈곱만큼의 능력도 없어 보여. 하지만 네가 말한 그 신이 너에게는 어떤 힘을 준 것은 틀림없는 것 같다."

H502는 그가 가진 능력이 부럽다는 듯 말했다.

이 말에 G240이 머리를 저었다.

"나에게만 특별한 능력이 있다고 생각하지 않아. 다만 나는 그 힘에 대해 굳게 믿고 있고 그 힘을 내 안에서 찾아내려고 노력하고 있을 뿐이야. 그래서 나는 얼마나 믿음을 갖느냐에 따라, 그리고 얼마나 그 힘을 자신 안에서 끌어내려고 노력하느냐에 따라 그 힘이 발휘되기도 하고 평생 모른 채 지내다가 죽을 수도 있다고 생각해. 그리고 기도는 내 안의 힘을 믿는 데 큰 역할을 해주었어. 너도 한번 그 믿음을 갖고 기도를 해본다면 너의 흔들리는 마음을 다잡을 수 있을 거야."

"그럴까? 하지만 그런 믿음을 갖기엔 나도 K308처럼 너무 현실적이야."

"나도 처음부터 그 믿음이 생긴 건 아냐. 모든 것이 불확실해 보이는 건 나에게도 마찬가지였으니까. 그런데 나에게 증표가 보이기 시작했어."

"증표라고?"

"응, 증표. 이런 이야기를 한다면 나를 정신 나간 풍뎅이라고 생각할지 모르겠지만, 그냥 들어주었으면 좋겠어. 하루는 너무 불안하고 답답한 마음에 하늘을 보며 기도를 했었어. '만일 이 상자를 나가서 저 숲으로 갈 수 있는 능력이 내게 있다면 그것을 증표로 알려 주세요.' 하며 기도를 했었지."

"그럼 넌 그 증표를 보았단 말이야?"

H502는 그의 대답이 궁금해져 물었다.

"응."

G240의 표정이 너무 진지해서 거짓말을 하는 것 같지는 않았다.

"'내게 그 힘이 있다면 비를 내려 그 증표를 보게 해주세요.'라는 기도를 했었는데 이미 비가 오려고 했었는지 모르겠지만, 시간이 조금 흐르자 거짓말처럼 하늘에서 비가 내리기 시작했어."

H502는 그의 말에 조금 놀랐지만 그건 우연이었을 지도 모른다는 생각을 했다.

"그런데 기도한 대로 비가 왔지만, 처음엔 난 그것이 증표라고 믿을 수가 없었어. 내가 비가 올 거라는 것을 미리 짐작하고 그렇게 기도를 했다는 생각이 들었거든. 그래서 이번에는 내가 짐작할 수 없는 것으로 그 증표를 보여 달라고 기도를 해보기로 했어."

"그다음엔 어떤 것을 증표로 보여 달라고 한 거야?"

H502는 침을 꼴깍 삼키며 물었다.

"'나의 배에 하얀색 점이 생기게 해주세요.'라고 기도를 했었어. 그건 정말 불가능할 것 같았거든."

"하얀색 점이 갑자기 생길 수는 없어. 설마 그게 정말 생겼단 말이야?"

G240은 H502의 얼굴을 바라보며 씨익 웃어 보이더니 자리에서 일어나 배를 보여 주었다.

"맙소사!"

그의 배에 흰 구름 같은 하얀색 점이 있었다.

"설마 너, 원래 있던 점을 가지고 나한테 장난치고 있는 건 아니겠지? 아니면 너도 몰랐던 그 점을 그때 알게 된 것인지도 모르잖아?"

H502는 그의 말을 도저히 믿을 수가 없었다.

하지만 G240은 머리를 저었다.

"아니, 지어낸 이야기가 아니야. 기도하고 나서 배를 살펴보았을 때도 흰점은 없었어. 다음 날도 그 다음 날도. 그래서 내가 괜한 짓을 했구나 생각하며 머릿속에서 지워버렸지. 그리고 외톨이가 되어

밤에 어슬렁거리고 있다가 여기 아래의 비밀공간을 발견하게 되었어. 이런 장소가 상자 안에 있을 줄은 몰랐어. 마침 울고 싶었는데 잘 되었다 싶어서 그곳으로 들어가 실컷 울었지. 그렇게 울다가 무심코 배를 내려보게 되었는데 눈물로 얼룩진 나의 눈에 이 백색점이 보였어. 처음에는 믿을 수가 없었어. 잘못 보았나 싶어 눈을 몇 번이고 비벼 보았지만 하얀 구름같이 생긴 점이 분명히 생겨 있었던 거야. 그 순간 나는 벼락을 맞은 느낌이었어. 얼마나 놀랐던지 내가 울고 있었다는 것도 다 잊어버리고 몇 번이고 이 점을 만져보고 또 만져 보았지. '아, 신이 내게 증표를 보여주시다니….' 친구였던 K308이 나를 멀리하고 다른 풍뎅이들마저 나를 이상한 놈, 미친놈이라며 따돌려서 좌절감에 울고 있는데, 그 순간에 신이 내게 말하고 있는 것 같았어. '나는 너를 믿는다. 그러니 이것을 증표로 삼아라.' 이렇게 말이야."

H502는 그의 이야기를 도저히 믿을 수가 없었다.
H502의 마음을 알아차렸는지 G240이 그의 어깨를 치며 말했다.

"믿지 않아도 좋아. 믿든 안 믿든 그건 너의 자유이니까. 하지만 너 자신의 숨겨진 힘에 대해 계속 의구심이 든다면 너도 한번 신에게 증표를 보여 달라고 기도해 볼 수는 있지 않을까?"

G240이 어색해진 분위기를 바꾸려고 조금은 장난스럽게 말했다.

"너 여태까지 한 이야기는 모두 지어낸 거지? 내가 자꾸 아무것도 못 하겠다고 하니깐 그런 이야기를 한 거 아니야? 만약 너의 말대로 그 기도의 힘이 그렇게 강하다면 그냥 '저를 숲으로 데려다 주세요.'라고 기도할 수도 있잖아. 증표를 보여 달라고 하는 것보다 차라리 그편이 더 낫겠어."

H502는 여전히 믿을 수 없다는 표정으로 말했다.

"그래, 그럴 수도 있겠지. '내일 턱수염이 젤리 대신 우리가 정말 원하는 참나무 수액을 넣어주게 해주세요.'라고 기도해 볼 수도 있고 아니면 네가 말한 것처럼 '이 상자를 숲으로 바꿔 주세요.'라고 기도해 볼 수도 있겠지. 사실 그런 기도를 안 해본 건 아니야. 하지만 한 번도 이루어진 적이 없었어."

"그런데도 너는 어떻게 신이 있다고 그렇게 확신을 할 수 있는 거지?"

"나도 직감에 따라 느낄 뿐이지 신에 대해선 잘 몰라. 앞으로 나의 인생에서 계속 풀어가야 하는 숙제이기도 해. 다만 신은 우리 각자에게 나름의 능력과 힘을 이미 주셨고 그 능력과 힘을 발휘해서 살아가는 것은 전적으로 우리의 몫이라는 것은 이제 확실히 말할 수 있어. 그래서 태어날 때의 운명은 우리가 바꿀 수 없더라도 그 이후의 삶은 전적으로 우리에게 달려 있다고 생각해. 증표로 신이 우리에게 충분히 그 힘이 있다는 것을 보여 준다고 생각해. 우리가 방향을 잃고 어디로 가야 할지 모를 때 기도를 통해 방향을 가르쳐 줄 거라고 믿고 있어."

다시 진지해진 그의 이야기는 H502에겐 너무 어렵고 이해하기가 힘들었다.

"어렵다."

"응, 어려운 부분이야. 아까도 말했듯이 나의 말을 믿든 안 믿든 그건 너의 자유야. 신을 알아가는 일도 각자의 몫이라고 생각해. 그건 서로 강요할 수 있는 일도, 억지로 이해시킬 수 있는 일도 아니라는 것을 K308과의 일로 알게 되었어. 신의 존재에 대한 믿음, 이게 K308과 나와의 가장 큰 벽이었어. 하지만 이제는 알아. 모두 각자의 경험을 통해 신을 알아갈 수밖에 없다는 것을 말이야."

H502는 그의 말을 조금 더 생각해 보기로 했다.

"나도 너와 같은 경험을 하지 않는 한 쉽게 믿을 수는 없을 것 같아. 하지만 나도 그 기도라는 것을 한번 해볼게."

H502는 멋쩍게 웃으며 말했다. G240도 그에게 미소를 지어 보였다. 그런데 그가 갑자기 머리를 두리번거리며 어떤 냄새가 나는지

쿵쿵거리기 시작했다.

"H502, 너 혹시 지금 이상한 냄새가 나는 것 같지 않아?"

"냄새라니? 무슨 냄새?"

H502도 냄새를 맡아 보았다. 어디에서 나는 건지 모르겠지만, 그도 어떤 냄새를 맡을 수 있었다. H502의 예민한 후각이 분명 어떤 냄새를 잡아내고 있었다. 하지만 그 냄새가 어떤 냄새인지는 알 수가 없었다.

"그러고 보니 한 번도 맡아본 적이 없는 냄새가 나는 것 같아."

"오늘 아침부터 이 상자 안에서 이 알 수 없는 냄새가 나고 있어."

G240의 표정이 어두워졌다.

"사실 육풍들이 나를 따돌릴 거라는 생각에 낙담도 하고 있었지만, 이 냄새가 어떤 냄새인지 알 수가 없어서 고민하던 중이었어."

"혹시 턱수염에게서 나는 냄새가 아닐까?"

상자 안에는 풍뎅이들뿐인데 G240이 그 냄새에 신경을 쓰는 것은 너무 예민한 반응 같았다.

"인간에게서 나는 냄새가 아니야. 아주 멀리 있는 숲이나 나무라 할지라도 우리가 본능에 따라 그 냄새를 맡을 수 있는 것처럼 위험한 존재의 냄새도 본능에 따라 맡을 수 있어. 그런데 그 위험한 냄새가 이상하게도 이 상자 안에서 나는 것 같아. 분명 우리가 눈치채지 못하고 있는 무언가가 있는 거야. 아주 사소해 보일지라도 신경 쓰지 않고 넘어간다면 그 사소한 것이 때론 우리를 아주 위험한 상황으로 몰고 갈 수도 있어. 보이는 위험보다 보이지 않는 위험이 더 치명적일 수 있어. 그래서 늘 조심해야 하는데 그 정체가 무엇인지 알수가 없어서 무척 답답해. 그러니까 너도 조심했으면 좋겠다."

G240은 그에게 당부하듯 말했다.

"그래, 나도 이상한 것이 있나 살펴볼게."

H502는 여전히 의아한 생각이 들었지만 그렇게 하기로 약속하였다. G240과 헤어져 자신의 거처로 돌아와 보니 친구들은 모두 곤하게 잠들어 있었다. 그들의 모습을 보니 모든 게 너무 평온해 보여서 아무런 일도 일어날 것 같지 않았다.

H 5 0 2   S T O R Y

06
음모
친구를 잃다

신은 견디는 사람과 함께한다.

모하메드

드디어 쌓여 있던 불만들이 터져 나오기 시작했다. 육풍들은 J67이 Q355를 그대로 둔다는 것이 불만이었고 작은 풍뎅이들은 날이 갈수록 자신들이 먹을 수 있는 젤리가 줄어드는 것이 불만이었다. K308의 무리도 다른 풍뎅이들처럼 제대로 먹지 못하는 것은 마찬가지였다.

H502는 주린 배를 바닥에 붙이고 상자의 뚜껑을 올려다 보았다.

'저렇게 거대한 뚜껑을 우리가 열 수 있을까?'

그때 K308이 그에게로 다가왔다.

"무슨 생각을 그리 하고 있어?"

K308이 위를 올려 다 보며 물었다.

"아… 아무것도 아냐."

H502는 G240과 나누었던 이야기를 K308에게 할 수 없었다. 만약 G240과 어울리는 것을 안다면 K308은 그를 무리에서 나가게 할 것이다. 그가 상자 속에서 그나마 그럭저럭 살아갈 수 있는 것은 모두 친구들 덕분이었다. 그중 K308은 그에게 의지가 가장 많이 되어 주고 있는 아주 소중한 친구였다.

"아무래도 분위기가 심상치 않아."

K308이 어두운 표정을 지으며 말했다.

"왜 그래? 무슨 일이 있어?"

"요즘 풍뎅이들이 제대로 먹질 못해서 아무래도 크게 한번 부딪힐 것 같아."

K308은 주위에 삼삼오오 모여 있는 풍뎅이들을 바라보며 말했다. H502가 보기에도 육풍들과 다른 풍뎅이들의 움직임이 평소와는 달라 보였다.

육풍들은 통나무 주변에 모여서 무엇인가를 심각하게 이야기를 하고 있었다. J67의 눈치를 살피면서 Q355가 잠들어 있는 쪽으로 흘끔거리기도 했다. 그들 사이에서 말없이 이야기를 듣고 있는 G240의 모습이 보였다. 그도 몹시 심각한 표정이었다.

"아무래도 큰 폭풍이 몰려올 것 같아. 이곳에서 소란이 일어나면 모두에게 좋지 않을 뿐인데 큰일이야."

K308이 크게 걱정을 하며 말했다. H502도 상자 안의 불길한 기운을 느낄 수가 있었다.

"너희 이야기 들었어?"

K277이 K308과 H502의 곁으로 급하게 다가와선 속삭였다.

"무슨 얘기?"

K308이 긴장하며 물었다.

"오늘 다른 녀석들이 육풍들을 공격한대."

"그게 무슨 소리야?"

K308은 K277의 말에 놀라며 화를 내듯 되물었다.

"녀석들이 며칠 전부터 모여서 수군거리고 있길래 무슨 이야길 하나 숨어서 엿들어 봤어. 그런데 이미 그러기로 이야기가 다 된 것 같았어."

"그런데 왜 우리만 몰랐던 거지?"

K308은 자신들만 몰랐다는 사실에 매우 불안해 하였다. 그런 그

의 모습을 보면서 H502도 불안해지기 시작했다. 그런 일이라면 어떤 풍뎅이보다도 K308이 가장 먼저 알고 있어야 했다. 그런데 K308과 그의 무리가 전혀 모르고 있었다면 뭔가 잘못 되어가고 있는 것이 분명했다.

"그 이유는 나도 잘 모르겠어. 하지만 우린 그냥 가만히 있으면 되잖아."

K277이 대수롭지 않게 말했다.

"아냐, 우리만 몰랐다는 건 너무 이상해. 무언가 꿍꿍이가 있는 것 같아."

K308은 점점 더 불길한 예감이 들어서인지 낯빛이 매우 어두워지고 있었다.

"혹시 육풍들이 이미 눈치채고 있는 건 아닐까?"

H502가 모여서 수군거리고 있는 육풍들 쪽을 바라보면서 말했다.

"아냐, 육풍들은 지금 그 사실을 전혀 눈치 채지 못하고 있어."

K308이 머리를 저었다.

"그렇다면 저 녀석들은 지금 뭘 저렇게 심각하게 말하고 있는 거지?"

K277도 그들을 바라보며 말했다.

"육풍들은 Q355를 없애려고 하는 것 같아."

수군거리던 육풍들이 Q355가 있는 쪽을 향해 몰려가는 것을 보며 K308이 말했다.

"Q355를? 그 녀석이 구원자라고 믿는 녀석들 때문에 대장 J67도 어떻게 하지 못하고 내버려 두고 있었잖아. 그런데 대장이 Q355를 없애라고 했단 말이야?"

K277은 믿을 수 없다는 표정으로 말했다.

"J67이 그렇게 하라고 한 건 아닐 거야. Q355를 없애려면 먼저 구원자가 아니라는 것을 증명해야 해. 많은 무리 속에서 대장 자리를 유지하려면 무엇을 하든 명분이 필요해. 명분 없이 그를 없애려고 한다면 Q355를 구원자라고 믿는 풍뎅이들의 반감이 거셀 것이고 한번 생긴 반감은 상당히 오래가기 마련이야. 그래서 J67은 Q355의 문제를 신중하게 해결하고 싶었을 거야. 하지만 해결할 방법이 쉽지가 않았겠지. 더군다나 Q355와 대결을 해보지 않아도 그를 이길 풍뎅이는 이 상자 안에 없다는 걸 J67은 잘 알고 있어. 잘못 했다간 J67은 대장 자리를 내어 놓고 까마귀의 밥이 될지도 모르는데 섣부르게 행동하지 않을 거야. 그래서 Q355를 더 지켜보자고 했을 것이고 더는 기다릴 수 없었던 육풍들이 그의 동의 없이 Q355를 제거하기로 한 것 같아."

이 말에 K277은 눈을 크게 뜨며 물었다.

"그럼 육풍들이 Q355를 제거하게 되면 대장 J67은 어떻게 되는 거야?"

"J67은 육풍들에게도, 풍뎅이 무리에서도 신뢰받지 못하는 외톨이 신세가 될 거야. 그래서 J67은 자신에게 동의를 구하지 않고 움직이는 육풍들을 제압하려고 할 거야. 제때 제압하지 못하면 그는 대장의 자리에서 밀려 결국 죽게 되겠지. 그렇게 되면 새로운 대장을 뽑기 위한 육풍들의 대결로 또 한번 회오리바람이 불 거야. 근데 아무리 생각해도 육풍들이 이렇게 한꺼번에 대장에게 반기를 든다는 게 이상해. 그들의 대장이 없어지면 새로운 대장이 되지 않는 한 모두 목숨을 잃게 될 게 뻔한데 왜 이런 식으로 일을 벌이는지 알 수가 없어. 이건 분명 육풍들을 이성적으로 생각하지 못하게 만드는 무언가가 있어. 저들을 조종하는 풍뎅이가 있는 게 틀림없어."

"저들을 조정하는 풍뎅이? 그게 누구지? 이 상자 안에 그럴 만한 풍뎅이가 있다고?"

K277은 커다랗게 눈을 뜬 채 주위를 두리번거렸다.

"그게 나도 가장 궁금한 점이야. 저들을 움직이고 있는 녀석의 정체를 조금도 짐작할 수가 없어."

K308의 말에 H502는 난감한 표정을 애써 감추며 육풍들과 함께 움직이고 있는 G240을 바라보았다. 그에게 달려가 작은 풍뎅이들이 그를 포함한 육풍들을 공격하려 한다고 알려 주고 싶었지만 K308이

보고 있어 그럴 수가 없었다.

K308의 짐작대로 육풍들이 몰려간 곳은 Q355가 잠을 자고 있는 곳이었다. 그들은 Q355의 주변을 지키던 풍뎅이들이 잠시 자리를 뜨기를 기다렸다가 그곳으로 몰려간 것이다. Q355는 주변의 수상한 낌새를 전혀 눈치채지 못한 채 평소처럼 깊이 잠들어 있는 것처럼 보였다.

"Q355! 어서 일어나!"

거칠고 성미 급한 육풍 중 한 마리가 Q355의 육중한 몸을 뿔로 밀며 소릴 질렀다. 하지만 Q355는 잠에서 깨어나지 않았다. 다른 육풍들도 모두 가세해서 그를 밀기 시작했다. 그러자 꿈쩍하지 않던 Q355의 몸이 조금씩 밀리기 시작했다. 그때 Q355를 구원자라고 믿는 풍뎅이 무리가 몰려오면서 소리쳤다.

"뭐하는 거야?"

"물러서! 이 녀석 때문에 너희도 제대로 먹지 못하면서 왜 막아서는 거야?"

육풍 중 한 마리가 험악한 표정을 지으며 그들에게 말했다.

"우린 배고픔 따위는 견딜 수 있어. Q355는 우릴 여기서 구원해 줄 구원자야. 그 누구라도 구원자를 건드리면 가만두지 않을 거야."

그들은 목숨이라도 내어놓겠다는 결연한 표정으로 물러서지 않았다.

그런 그들의 행동에 다른 육풍들의 표정마저 험악해졌다. 서로가 금방이라도 부딪힐 것 같은 그때에 빠른 걸음으로 대장 J67이 다가왔다.

"멈춰! 여기서 다들 뭐하는 거야?"

"대장은 빠져, 아니 이젠 넌 대장도 아니야."

육풍들이 막아서는 J67을 밀치며 말했다.

"지금 무슨 말을 하는 거야?"

육풍들의 어처구니없는 행동에 화가 난 J67의 얼굴이 몹시 일그러졌다.

"네가 대장이 되고부터 작은 풍뎅이들이 우리를 우습게 보고 있어. 이 돼지 같은 녀석도 넌 그냥 내버려 두었지. 우리가 먹을 젤리를 저 녀석이 다 먹어대고 있는데도 말이야. 그런데 J67, 너는 우리에게 계속 기다려 보라고만 했어. 우린 대책 없이 더는 기다릴 수 없어. 네가 결정을 못 하니까 우리가 나서는 거야."

육풍 중 한 마리가 J67 앞으로 나서며 말했다.

"그만둬! 나의 명령에 따르지 않는 놈은 덤벼!"

J67이 자신의 뿔을 세워 보이며 소리쳤다.

"흥! 너와 대결할 풍뎅이는 여기에 없어. 넌 우리에 의해 제거될 뿐이야."

육풍들이 한꺼번에 뿔을 세우며 다가가자 J67이 겁에 질려 뒷걸음 질을 치기 시작했다.

"그만둬! 이건 너무 하잖아, 정정당당하지 않아."

조금 떨어진 곳에서 그들을 지켜보고 있던 G240이 육풍들을 막아서며 말했다.

"넌 빠져! 그리고 우린 다음 대장으로 너를 정했으니까 그런 줄 알아."

"뭐? 나를 대장으로 정했다고?"

G240은 그들이 무슨 말을 하는지 이해할 수 없다는 표정을 지었다.

"그래. G240! 앞으로 너는 우리 말에 따라야 해. 그렇지 않으면 너도 J67처럼 될 거야. 그러니까 비켜."

그들은 G240을 밀쳐내고 J67에게 몰려가 인정사정없이 공격하기 시작했다. J67은 그들의 맹렬한 공격을 막아내지 못하고 결국 몸이 뒤집히고 말았다.

"G240을 대장으로 삼는다니 그게 무슨 말이야?"

그들을 지켜보고 있던 H502가 K308에게 물었다.

"대결로 새로운 대장을 뽑지 않고 G240을 대장으로 만들고 그들은 여전히 육풍으로 남겠다는 전략이야. 상자 속의 규율이 바뀌었어. 앞으론 대장이 저들의 말을 들어야 해. 이제 대장이 마음대로 하는 시대는 끝났어. 저 녀석들 이상해. 벌써 G240을 대장으로 만들 생각까지 하고서 일을 벌였는데 G240이 그 사실을 전혀 모르고 있었다니…. 내가 아는 한 육풍 중 이렇게 일을 꾸밀 수 있을 만큼 영리한 녀석은 없어."

K308은 돌아가는 상황이 예측할 수 없는 방향으로 흐르자 더욱 불안해 보였다.

"그렇다면 너의 말대로 지금 저 녀석들을 조종하고 있는 풍뎅이가 분명 있단 말이 되잖아?"

K277도 K308의 말에 불안해하며 말했다.

"분명해. 도대체 어떤 녀석일까? 언제 이런 계획들을 꾸민 거지?"

K308은 머리를 쥐어짜도 딱히 떠오르는 풍뎅이가 없는지 머리를 흔들었다. H502도 생각해보았지만 짚이는 풍뎅이가 전혀 없었다.

J67을 몰아낸 육풍들은 이제 Q355의 앞을 막아서는 풍뎅이들을 공격하기 시작했다. 그동안 제대로 먹지 못했던 풍뎅이들은 육풍의

공격에 맥없이 나가떨어지기 시작했다. 그때 저편에서 수십 마리의 풍뎅이들이 몰려 왔다.

그리고 다짜고짜 육풍들을 공격하기 시작했다.

"너희는 또 뭐야? 너희도 이 돼지 같은 녀석을 싫어했잖아. 그런데 왜 이 녀석을 보호하려고 하는 거지?"

뜻밖의 공격에 당황한 육풍들이 그들에게 물었다.

"우린 저 Q355보다 젤리를 먼저 독차지하고 우리를 맘대로 하려는 너희가 더 싫어. 그래서 이번에는 우리가 너희를 몰아내려고 해."

작은 풍뎅이 중 한 마리가 앞으로 나서며 말했다.

"웃기지 마, 너희는 우릴 이길 수가 없어."

험악하게 생긴 육풍이 그들을 비웃으며 말했다.

"우린 너희보다 숫자가 많아, 우습게 보지 말라고."

작은 풍뎅이들이 그에게 지지 않고 소리쳤다.

"K308! 우리도 저 녀석들 틈에 껴야 하지 않아? 이러다가 나중에 우리만 저 녀석들한테 따돌림당할지도 모르잖아."

뒤늦게서야 소란을 알게 된 J141이 그들에게 달려와 K308에게 물었다.

"이미 우리는 따돌림을 당하고 있어. 그리고 지금 저들 틈에 낀다 해도 그것도 어리석은 짓이야."

K308은 다소 차분해진 어조로 말했다.

"한꺼번에 덤빈다면 몇 마리 안 되는 육풍들을 이길 수도 있어."

K277은 K308이 답답하다는 듯 말했다.

"숫자로 보면 그럴 수도 있지만, 너무 준비가 안 된 상태에서 덤비는 게 문제야. 오랫동안 제대로 먹지 못해서 대부분 힘도 없고 제대로 싸울 줄도 몰라. 이렇게 아무런 준비 없이 덤빈다면 아무리 수천 마리의 풍뎅이들이 덤빈다고 해도 늘 결투 준비를 하는 저 육풍들을 이기기는 힘들어. 숫자로 판단해선 안 돼."

K308은 답답해하는 K277에게 여전히 차분한 어조로 말했다.

"그래도 저 녀석들 독기를 품었어. 저런 독기로 덤빈다면 승산이 있지 않을까?"

J141은 여전히 불안한 듯 말했다. 하지만 K308은 더는 대답하지 않았다. K308이 말문을 닫자 K277과 J141도 조용히 육풍들과 작은 풍뎅이들의 대결을 지켜보았다.

이윽고 육풍들과 작은 풍뎅이들 간의 본격적인 몸싸움이 시작되었다. 하지만 K308의 말대로 작은 풍뎅이들은 육풍들의 상대가 되지 못했다. 육풍들이 몇 번 힘껏 밀어내자 몇 마리의 풍뎅이들이 한꺼번에 나가떨어졌다. 작은 풍뎅이들이 여기저기 뒤집어져 나뒹굴기 시작하자 나머지는 계속 싸우지 못하고 도망가기 시작했다. 작은 풍뎅이들의 비장했던 싸움은 이내 싱겁게 끝나 버렸다. 하지만 육풍들은 Q355를 없애려고 했던 계획을 뒤로 미루어야만 했다. 자신들을 공격한 작은 풍뎅이들의 선동자를 잡는 것이 급선무였다. 이대로 그냥 넘어가게 되면 또다시 풍뎅이들이 이런 일을 벌일 수 있기 때문이었다.

육풍들은 사로잡은 작은 풍뎅이들을 심문하기 시작했다. K308의 무리는 근처에 있다가는 그들도 함께 동조자로 오해를 받을 것 같아 급하게 자리를 떠났다.

"그 일에 가담하지 않아서 정말 다행이야. K308 너의 말이 맞았어."

J141이 가슴을 쓸어내리며 말했다. 혼란스런 상황에서 K308은 어떻게 그렇게 판단을 잘할 수 있는지 H502는 그의 판단력에 감탄했다. 그렇게 모두 안도의 한숨을 쉬고 있는데 그들 곁으로 급하게 다가오는 풍뎅이 한 마리가 있었다. 온종일 모습이 보이지 않던 S222였다.

"K308, 어서 도망가!"

S222가 다급하게 소리쳤다.

"도망가라고? 왜?"

모두 놀라서 S222를 쳐다보았다.

급하게 달려왔는지 S222가 헉헉거리며 말했다.

"잡힌 애들이 네가 이번 일을 꾸몄다고 얘기했어."

"뭐라고? 내가?"

K308은 충격을 받았는지 멍하니 얼음이 되었다.

다른 풍뎅이들도 S222의 말이 믿어지지가 않아 입을 벌렸다.

"아냐, 그럴 리가 없어."

J141이 떨리는 목소리로 말했다.

"그동안 널 싫어했던 애들이 널 지목한 것 같아. 그러니까 어서 여기서 피해. 육풍들이 널 가만두지 않겠다고 단단히 벼르고 있어."

S222가 여전히 멍하게 서 있는 K308의 등을 밀며 말했다. 하지만 K308은 혼란스런 표정으로 그냥 서 있을 뿐이었다.

H502는 K308이 이렇게까지 당황하는 것을 한 번도 본 적이 없었다.

"K308, 무슨 생각을 그렇게 해? 우선 이 자리를 피해. 그리고 다음 일은 그다음에 생각하라고."

H502도 K308의 등을 떠밀며 말했다.

"아냐, 내가 어디로 피한단 말이야? 그 녀석들은 내가 어디에 숨든 찾아낼 거야. 무엇보다 내가 도망을 간다면 정말 내가 주동자라고 인정하는 꼴이 되고 말잖아.”

K308은 머리를 저으며 발걸음을 떼지 않았다. 그렇게 모두가 우왕좌왕하는 사이 육풍들이 그들의 거처로 몰려 왔다. 그들은 몹시 격분한 모습이었다. 육풍들은 K308이 그런 일을 꾸미지 않았다는 그들의 이야기를 들으려고 하지 않았다.

“물러서! 더 자세히 조사해 보고 너희도 가담했다면 가만두지 않을 거야. 그러니 지금 끌려가고 싶지 않다면 뒤로 물러서!”

육풍들은 그들을 무섭게 위협하고는 K308을 끌고 갔다.

남겨진 K308의 무리는 방금 일어난 일이 믿어지지가 않아 모두 할 말을 잃고 앉아 있었다. 어떻게 K308이 주동자로 몰려 끌려가게 되었는지 도무지 알 수가 없었다. 그들은 밤이 늦도록 잠들지 못했다.

“말도 안 돼. 왜 하필 K308이야.”

평소에 누구보다 K308에게 의지를 많이 했던 J141이 분개하며 말했다.

“맞아, 문제를 일으키는 것을 끔찍하게 싫어하는 K308이야. 그런 그가 육풍들을 공격하는 일의 주동자라니! 말도 안 돼. 어떤 풍뎅이가 K308을 싫어한단 말이야. 늘 다른 풍뎅이들을 도우면서 지냈잖아. S222! 너 정말 잡힌 녀석들이 그렇게 말하는 걸 똑바로 들은 거야?"

K277이 두려운 표정으로 구석에 조용히 앉아 있는 S222에게 물었다.

"응, 똑똑히 들었어."

S222가 머리를 끄덕이며 말했다.

"그런데 넌 어디에 있다가 그렇게 늦게 나타난 거야?"

J141은 S222가 더 빨리 알려 주지 않은 것에 화가 나서 그에게 쏘아붙이듯 말했다.

"미안해. 내가 좀 더 빨리 왔어야 했는데, 사실 오늘 아침에 남겨진 젤리가 없는지 숨어서 몰래 살펴보고 있었어. 그런데 육풍들이 Q355를 없애야겠다고 하는 이야기를 우연히 듣게 되었어. 무서운 싸움이 날 것 같아서 그곳 흙더미 옆에 몸을 숨기고 훔쳐보고 있었는데 싸움이 그렇게까지 커질 줄은 몰랐어. 무서워서 숨어 있던 곳에서 빠져나오지 못하고 있다가 나중에 육풍들이 잡아온 작은 풍뎅이들이 하는 소리를 듣고 알게 된 거야. 나도 잡힌 풍뎅이들이 모두 K308을 지목하는 걸 듣고 깜짝 놀랐어. 그래서 급하게 그 자리에서 빠져나온 건데 이미 너무 늦어 버린 거야."

S222도 자신이 늦게 온 것이 몹시 후회되는 듯 말했다.

"됐어. 미리 알고 숨었다고 해도 금방 잡힐 거야. 여기서 숨을 곳이란 없어."

K277은 체념한 듯 바닥에 엎드렸다.

"K308은 도대체 어떻게 될까? 우리도 여기에 이렇게 가만히 있다가 잡혀가는 거 아니야?"

J141이 두려운 표정으로 말했다.

"맞아, 우리가 K308과 함께 지내는 것을 모두가 알고 있는데 우리도 잡아갈지 몰라."

S222도 몸을 떨며 말했다.

H502는 그들의 말을 가만히 듣고 있다가 자리에서 벌떡 일어났다.

"내가 한번 갔다 와 볼게."

평소에 있는 듯 없는 듯 조용하기만 한 H502가 그렇게 나설 줄은 몰랐는지 모두 놀란 표정으로 그를 쳐다보았다. K277도 자리에서 일어나며 물었다.

"네가?"

"응, 육풍들이 그랬어. 이제부터 대장은 G240이라고. 그 녀석을 한번 만나보려고."

H502가 G240을 만나 보겠다고 하자 K277도 J141도 머리를 저

었다.

"소용없어. 그 녀석은 K308을 도우려고 하지 않을 거야. K308이 평소에 G240을 얼마나 싫어했는데. 그 녀석이 외톨이로 지내게 된 것도 K308이 녀석을 싫어하니까 다들 싫어하게 되어서 그렇게 된 거야. 그러니까 만나러 갈 필요 없어."

K277이 소용없다며 그를 말렸지만, H502는 그를 만나서 이야기라도 해보겠다며 그들의 거처에서 나왔다.

H502는 먼저 K308이 어떤 상황에 있는지 알아보기 위해 육풍들이 있는 곳으로 향했다. 육풍들은 고단한 하루를 보낸 탓인지 이미 깊이 잠들어 있었다. H502는 흙무더기 옆에 숨어 그들을 살펴보았다. 그들 틈에서 G240의 모습은 보이지 않았다.

K308은 육풍들이 나뭇가지로 만들어 놓은 울안에 다른 풍뎅이들과 함께 갇혀 있었다. 우울한 모습으로 웅크리고 앉아 있는 K308을 보자 안타까운 마음이 들었다. H502는 창문으로 보이는 하늘을 쳐다보며 간절히 기도를 하기 시작했다.

'신이시여! 제발 K308을 구해주세요. 그를 구해 주신다면 저는 그것을 증표로 삼고 당신을 믿겠습니다. 그러니 제발 나의 친구를 구해주세요.'

그는 마음을 다해 기도한 후 G240이 있을 것 같은 돌무더기로 향했다.

H502의 짐작대로 G240은 돌무더기에 있는 그의 비밀 공간에 있었다. 그는 그날에 있었던 일 탓인지 몹시 지쳐 보였다.

"어서 와."

그는 H502가 올 거라는 걸 이미 알고 있었다는 표정으로 말했다. H502는 다가가며 우선 그의 안부를 물었다.

"괜찮아?"

"응, 난 괜찮아."

하지만, 그의 표정은 전혀 괜찮아 보이지가 않았다.

"육풍들이 많이 험악해졌던데 정말 괜찮은 거야?"

"응, 난 당분간은 괜찮을 거야. 그 녀석들은 자신의 자리를 지키기 위해 꼼수를 쓴 거야. 그렇지 않고 J67 때처럼 각자 대결해서 대장이 되면 한 녀석은 살아남겠지만 진 녀석들은 모두 제거되고 새로운 육풍들이 뽑히겠지. 그리고 새로 대장이 되는 녀석은 아직 육풍이 된 지 얼마 되지 않은 상태에서 대장이 되는 거라 그 상태에서 투전에 나가면 분명 버티지 못하고 바로 지게 될 거야. 그래서 자신들의 위치는 지키면서 투전에는 나가지 않으려고 그들과 생각을 달리하는 나를 대장으로 마음대로 정해 버린 거야."

"너의 말대로라면 괜찮은 게 아니잖아."

H502는 그가 걱정되어 말했다.

"그래, 상황이 좋진 않아. 하지만 지금은 그게 문제가 아니야. K308이 주동자로 몰려서 끌려왔어. 그 녀석을 구해 보려고 해보았지만 아무도 나의 말을 들으려고 하지 않아."

G240에게 조금은 기대하고 있었던 H502는 실망감을 감출 수가 없었다.

"안 그래도 네가 새로운 대장이 되었다고 해서 부탁하려고 했는데 너도 손을 쓸 수가 없다니…"

"안타깝지만 지금 내가 대장이란 것은 아무짝에도 소용이 없어. 그들은 내일 저녁 모든 풍뎅이가 보는 앞에서 K308을 참수할 거야. 앞으로 어떤 풍뎅이도 육풍들에게 덤빌 생각을 못하게 아주 잔인한 방법으로 그를 처단할 거야."

H502는 G240의 말에 가슴이 철렁 내려앉았다.

"네가 전에 나에게 증표라는 것에 대해 말해 주었던 거 기억나? 난 여기 오기 전에 K308이 잡혀 있는 것을 보고 기도를 했어. 네가 말하는 그 기도라는 것을 말이야. K308이 무사히 풀려난다면 나는 신이 존재함을 믿을 거야. 그걸 난 증표로 삼기로 했어. 그러니

G240! 제발 K308을 구해줄 방법을 찾아줘."

H502는 간절한 눈빛으로 그에게 부탁했다. 하지만 G240은 머리를 저을 뿐이었다.

"나도 너에게 그렇게 말한 것을 기억해. 하지만 지금은 자신이 없어. 어떨 땐 신의 존재가 너무 생생하게 느껴지는데 이런 상황에서 하는 기도를 신이 들어 주실지 나도 장담 못하겠어. 하지만 최선을 다해 볼게."

G240의 최선을 다해 보겠다는 말에 H502는 조금은 안심이 되었다. G240이라면 반드시 K308을 구해 낼 수 있을 것 같았다.

"나는 K308 덕분에 이 끔찍한 상자 속에서도 나름 그럭저럭 살아갈 수 있었어. 그런데 K308이 없어진다는 건 상상조차 할 수가 없어."

H502는 K308의 존재가 그에게 얼마나 많은 힘이 되어주었는지 평소에는 잘 알지 못했던 것이 너무 후회스러웠다. K308에게 좋은 친구가 되어주었어야 했는데 그러지 못했다는 자책마저 들었다.

"나도 이 상자 안에 처음 들어왔을 때 K308으로부터 많은 도움을 받았어. 그 빚을 갚기 위해서라도 어떻게든 해봐야지."

G240은 다음 날 다시 한 번 육풍들을 설득해보기로 했다. 희망이

생긴 H502도 다른 풍뎅이들을 만나서 설득해 보기로 하고 그와 헤어졌다.

날이 밝았다. H502는 서둘러 일어나 J141과 K277, 그리고 S222를 깨웠다. 그리고 모두 나가서 다른 풍뎅이들을 만나 K308이 결코 주동자가 아니라고 설득해보자고 했다. 그들은 흔쾌히 H502의 의견에 따르기로 했다. H502도 풍뎅이들을 만나러 다녔다.

하지만 모두 냉담한 반응만 보일 뿐 도와주려는 풍뎅이는 한 마리도 없었다. H502는 그런 현실이 믿어지지가 않았다. 죄도 없는 풍뎅이가 억울하게 잡혀갔는데도 그를 도와주려고 나서는 풍뎅이들이 없다는 것이 믿을 수가 없었다. 그는 몹시 낙담한 채 거처로 돌아와 보니 친구들도 풀이 죽어 앉아 있었다. 이제 남아 있는 희망이라곤 G240밖에 없었다.

어느덧 아침 식사시간이 되었다. 턱수염이 풍뎅이들에게 젤리를 주기 위해서 방문을 열고 들어섰다. 그는 상자 속 풍뎅이들의 분위기가 심상치 않은 것을 알아차렸는지 눈을 동그랗게 뜨고 상자 안을 이리저리 들여다보았다.

나뭇가지 여러 개가 겹쳐져 울이 만들어져 있고 그 속에는 몇 마리의 풍뎅이들이 갇혀 있었다. J67이 있어야 하는 자리에는 G240이 있어서 의아했는지 그는 G240을 꺼내어 이리저리 살펴보았다.

"어제 어떤 일이 있었길래 이 녀석이 여기에 있는 거지? 대장이 바뀐 지 얼마 되지도 않았는데 또 바뀌었단 말이야? 음, 요 녀석은 너무 작은데…."

턱수염은 이마를 긁적이며 말했다. 함께 따라 들어온 까마귀 세바스찬도 검은 눈으로 상자 속 풍뎅이들을 노려보았다.

"세바스찬, 당분간은 쉬어야겠다. 이대로는 안 되겠어."

턱수염은 G240을 다시 상자 안에 넣었다. 그리고 한쪽에 몸이 뒤집어져 있는 J67을 꺼내어 세바스찬에게 던져 주었다. 그는 상자 안에 젤리를 넣어주고는 풍뎅이들이 어떻게 하는지 그 자리에 서서 살펴보았다.

육풍들은 G240에게 먼저 먹으라는 눈짓을 했다. G240은 그들의 눈짓에 따라 먼저 젤리를 먹기 시작했다.

"젤리를 가장 먼저 먹는 걸 보면 이 녀석이 분명 여기서 싸움을 제일 잘한다는 말인데…. 아무래도 작아. 너무 작아."

턱수염은 또다시 이마를 긁적이며 난처한 표정을 지었다.

"그런데 이 녀석은 오늘따라 젤리도 먹지 않고 잠만 자네."

턱수염은 엎드려있는 Q355를 손가락으로 툭 건드려 보았다. Q355는 조금 몸을 꿈틀거릴 뿐 일어나지 않았다. 젤리를 먹는 시간에 그가 일어나지 않은 건 처음이었다.

그런 Q355를 보며 일부 풍뎅이들은 그가 그동안 일부러 잠든 척을 하고 있었을 거라고 수군거리기 시작했다. 하지만 그들 중 그 누구도 크게 말하지는 못했다.

턱수염은 기분이 별로 좋지 않은지 선반에 진열된 컵들도 대충 살펴보고는 세바스찬과 함께 방을 나가 버렸다.

H502는 젤리를 먹을 생각도 하지 않고 울안에 갇혀 있는 K308과 그리고 육풍들과 함께 있는 G240을 계속 번갈아 보고 있었다.

'G240이 육풍들을 잘 설득해야 할 텐데….'

하지만 H502는 바람이 이루어지지 않았다는 것을 곧 알게 되었다. 그날 저녁 육풍들은 모든 풍뎅이를 집결시켰다. 그들은 앞으로 반기를 드는 녀석들은 이렇게 될 거라며 모두가 보는 앞에서 K308과 잡혀온 풍뎅이들의 다리를 잘라내고 머리를 잘라내었다. 끔찍한 장면에 모두 공포로 몸을 떨었다. H502와 그의 친구들도 K308이 죽어가는 모습을 그냥 지켜만 보고 있어야 했다.

'어떻게 이럴 수가…. 아무 잘못도 없는 K308이 이런 일을 당하다니….'

H502는 가슴속에서 치밀어 오르는 분노를 견딜 수가 없었다.

'신 따윈 존재하지 않아. G240이 나에게 했던 말은 모두 거짓말이었어.'

그는 이렇게 생각하면서 흐르는 눈물을 닦았다.

H 5 0 2　　S T O R Y

07
폭풍우가 치던 날
깨어난 구원자

더는 나아갈 수 없는 벼랑 끝에 다다랐을 때, 둘 중 한 가지는 반드시 일어난다고
믿으라. 발을 대고 설 수 있는 땅이 생기거나, 또는 날 수 있는 날개가 생기거나.

매들렌 렝글

K308의 빈자리는 너무나 컸다. 대부분 풍뎅이는 K308이 그들
을 선동한 주동자라고 철석같이 믿었다. 그래서 H502와 그의 친구
들을 피해 다녔고 젤리를 그들에게 조금도 양보하려고 하지 않았다.
H502는 배고픔과 K308을 잃었다는 상실감과 분노로 고통스러운 시
간을 보내고 있었다. 그는 더 이상 G240을 찾아가지 않았다. 이상하
게도 H502의 모든 분노가 그를 향하고 있었다.

풍뎅이들 사이에 또 다른 흉흉한 소문이 떠돌기 시작했다. 그 소
문이 시작된 것은 작은 풍뎅이들의 사체가 여기저기 발견되기 시작

하면서부터였다. 사체는 여기저기 뜯겨 심하게 훼손되어 있었다. 어떤 풍뎅이들은 Q355가 모두 잠들어 있는 밤에 몰래 일어나 작은 풍뎅이들을 먹어치운 거라고 말하기도 했다. 육풍들이 Q355를 제거하기 위해 몰려간 이후부터 그는 젤리를 먹는 시간에도 일어나지 않고 계속 잠만 자고 있을 뿐이었다. 그래서 이제는 Q355가 몰래 작은 풍뎅이들을 잡아먹는다는 소문에 신빙성이 더해 가고 있었다.

그런데 이상하게도 그런 흉흉한 소문에도 Q355의 주위로 더 많은 풍뎅이가 몰려들었다. 그래서 육풍들은 아직 Q355를 어떻게 하지 못한 채 그대로 내버려 두고 있었다. 지난번에는 작은 풍뎅이들의 공격을 막아 낼 수 있었지만, 만약 그들이 단단히 준비해서 또다시 공격해 온다면 그때는 그들을 막을 수 있을지 확신할 수 없었기 때문이었다.

삶은 누구도 장담할 수 없을 정도로 불가사의한 일로 가득 찬 것이었다. 이미 충분히 고통을 겪고 있는 H502에게 도저히 받아들일 수 없는 또 다른 일이 그를 기다리고 있었다.

"이건 모함이야!"

H502가 목소릴 높이며 부르짖었다. 하지만 모두 적의로 가득 찬 눈빛으로 노려볼 뿐 어떤 풍뎅이도 그의 말을 들으려고 하지 않았다. 그동안 함께 지냈던 K277, J141 그리고 S222도 그에게서 차갑게 등을 돌렸다. 그는 이제 철저히 외톨이가 되었다. 한번 시작된 불행은 정신을 차릴 수 없을 정도로 한꺼번에 몰려오는 것 같았다.

'맙소사! 내가 모함을 했다니? 내가 K308을 죽이기 위해 음모를 꾸몄다고? 말도 안 돼!'

언제부터인가 풍뎅이들이 지나가듯 툭툭 던지는 말이 처음에는 자신에게 하는 말인지 몰랐다.

"저 녀석이 K308이 주도했다고 말을 꾸민 거래."

"겉으론 친구를 위한 척 가식을 떨었다니 생각만 해도 무섭다."

풍뎅이들이 이렇게 했던 말들이 모두 자신을 두고 한 말이었다는 것을 H502는 전혀 눈치채지 못하고 있었다. 그들은 H502에게 사실을 확인도 해보지 않고 이미 단정을 짓고 있었다. H502는 자신이 하지도 않은 일을 했다고 모함을 한 풍뎅이가 어떤 녀석인지 전혀 알 길이 없어 화가 나 미칠 지경이었다. 그런데다 늘 함께 생활했던 친구들마저 그를 믿지 못한다는 사실에 더욱 화가 치밀어 올랐다.

다소 부정적인 면은 있었지만, 이성적으로 생각하는 K308이 살아 있었다면 그는 결코 이런 말 따위 믿지 않았을 것이다. K308이라면 틀림없이 그의 편이 되어 함께 해결 방법을 찾아보자고 했을 것이다. 하지만 이제 K308은 그의 곁에 없다. 분노에 찬 H502는 이제 살아갈 의욕마저 모두 잃어버렸다.

'젠장, 이렇게 살 봐엔 그냥 차라리 죽어 버리는 것이 낫겠어. 어떻게 삶이 이렇게 비참하기만 하지?'

그는 상자 속의 삶도 싫었고 이곳의 풍뎅이들도 싫었고 그가 살아 있다는 사실조차도 싫었다.

따뜻한 바람이 살랑살랑 불어왔다. H502는 숲 속에서 참나무 수액을 그녀와 함께 즐겁게 먹고 있었다. 그런데 그녀가 나뭇가지 끝에 다가서더니 그를 돌아보며 환하게 웃었다. 그때 바람이 점점 세게 불어오기 시작했다. 몹시 추워진 그는 몸을 떨면서 그녀에게 외쳤다.

"거기에 서 있지 마! 거기에 서 있다간 떨어진다고!"

하지만 그녀는 H502의 목소리를 들을 수 없는지 여전히 그 자리에 서서 환하게 웃고만 있었다.

"거기에 서 있지 말고 이쪽으로 와!"

그가 손짓했다. 순간 강한 바람이 불어와 서 있던 그녀를 감쌌다. 그녀는 휘청하며 균형을 잃고 나뭇가지에서 떨어졌다. 아래는 바닥의 깊이를 알 수 없을 정도로 깜깜한 낭떠러지였다.

"안 돼! 안 돼!"

화들짝 놀라서 눈을 떠보니 H502는 자신의 얼굴이 눈물로 범벅되어 있다는 것을 알았다. 그가 꿈을 꾸면서 흐느껴 울었던 모양이다. 그는 창문 밖으로 보이는 하늘을 쳐다보았다. 밤하늘이 그의 마음만큼이나 몹시 어두웠다. 바람도 강하게 불고 있는지 유리창이 심하게 덜컹거리고 있었다. 옆자리에서 함께 잠들던 K308과 친구들이 떠올랐다. 그는 끔찍한 상자 안에서도 그들과 함께했기 때문에 순간순간 기쁨을 느끼며 살 수 있었던 것이다.

하지만 이제 그의 옆에 아무도 없다. 왜 그때는 그런 시간이 소중했는지 알지 못했을까? 그랬다면 더 행복감을 느끼며 살았을 텐데, 라는 생각이 들자 그는 가슴이 아파오기 시작했다. H502는 눈앞에 있었던 소중한 것들과 좋은 것들을 보지 못한 채 온통 문제에만 마음을 쓰며 지냈던 것이 너무 후회되었다.

그리고 앞으로 어떤 풍뎅이와도 우정을 나누지 못한 채 외톨이로 상자 속에서 살아갈 걸 생각하니 그 자체가 지옥이라는 생각마저 들었다. 그는 자리에서 일어나 앉았다. 한참을 생각하던 H502는 마지막으로 G240이 알려 주었던 기도라는 것을 하고 이제 그만 이 세상과 작별을 고해야겠다고 마음을 먹었다.

그는 상자의 구석진 자리에 톱밥과 모래로 작은 둔덕을 이루고 있는 곳으로 올라갔다. 풍뎅이들의 배설물들을 쌓아 놓는 곳이라서 풍뎅이들이 잘 오지 않는 곳이었다. 그곳에 앉아 창문 밖을 다시 바라보았다. 밤하늘에는 검은 구름 떼가 몰려오고 있었다. 금방이라도 비가 쏟아질 것 같은 밤하늘을 올려다보며 그는 기도하기 시작했다.
"신이시여, 당신은 지난번 저의 기도를 들어주시지 않았습니다. 하지만 이번만은 저의 기도를 꼭 들어주셨으면 합니다. 제가 최대한 고통 없이 죽을 수 있게 도와주소서."

그런데 그때 기도하는 H502의 귀에 가까이 다가오는 발자국 소리가 들려왔다. 그는 모았던 손을 내려놓고 주위를 둘러보았다. 하늘에서 천둥·번개가 치기 시작했다. H502는 그 소리를 발자국 소리로 잘못 들었다고 생각하면서 다시 마음을 가다듬고 기도를 계속하려고 했다. 하지만 이번에는 모래가 흘러내리는 소리를 분명히 들을 수 있었다. 누군가 H502가 있는 쪽으로 다가오고 있는 것이 틀림

없었다.

"누구야?"

그가 소리치자 둔덕 아래에서 얼굴을 드러내는 풍뎅이 한 마리가 있었다. H502는 그의 얼굴을 보고 기절할 뻔했다.

'Q355?!'

H502는 등골이 오싹해 졌다. 젤리를 먹을 때만 제외하고 늘 누워서 잠만 자던 Q355가 지금 그의 앞으로 다가오고 있다니, 그는 헛것을 보고 있는 거라고 잠시 자신의 눈을 의심했다.

"누가 이 밤중에 기도하고 있나 했는데, 찾고 있던 H502, 바로 너였구나."

Q355가 저음의 굵은 목소리로 말했다. 놀란 H502가 머리를 들자 그때 창문 너머로 번개가 쳤다. 번개의 빛에 비친 Q355의 몸집은 아주 거대했다. H502는 그 모습에 Q355가 그들과 같은 장수풍뎅이는 결코 아니라는 생각이 들어 온몸에 소름이 끼쳤다.

'기도를 이런 식으로 들어 주시다니…. 게다가 이렇게나 빨리 나의 기도를 들어 주시다니….'

H502는 Q355가 소문처럼 자신을 잡아먹을지도 모른다는 생각에 겁에 질려 뒤로 물러나기 시작했다.

"다가오지 마!"

두려운 표정으로 물러서는 H502를 보며 Q355는 더는 가까이 오지 않고 그 자리에 멈추어 서서 얘기했다.

"진정해, 난 너를 잡아먹지 않아."

"그걸 어떻게 믿어?"

H502는 믿을 수 없다는 표정으로 소리쳤다.

"너도 다른 풍뎅이들이랑 같구나. 진실을 알아보려고 하지도 않고 소문 따위를 그대로 믿다니…'

그 말에 H502는 가슴이 뜨끔해졌다. 그도 소문만을 믿고 자신을 따돌리는 풍뎅이들이 한심하다며 비난을 했었다. 그런데 H502도 그들처럼 Q355에 대해 소문으로만 그를 판단하고 있었던 것이다. 그렇다고 해도 그가 풍뎅이를 잡아먹는 괴물이 아니라는 법도 없었다.

"어쨌든 난 너를 믿지 못하겠어!"

H502는 그를 향해 더 크게 외쳤다.

"쉿! 다른 녀석들이 모두 깨겠어. 난 풍뎅이를 잡아먹지 않아. 어떤 녀석이 풍뎅이들을 잡아먹는지 나는 알고 있어. 바로 그 녀석이 너를 모함한 녀석이라는 것도 알고 있다고."

"거짓말하지 마! 이 상자 속에서 우리 풍뎅이들을 잡아먹을 수 있는 녀석은 너 말고는 없어."

H502는 이렇게 말하고 난 뒤 뒤를 돌아보았다. 하지만 그곳은 상자 벽으로 막혀있었다.

'젠장! 도대체 내가 뭘 그렇게 잘못했다고 나에게 이런 시련이 끊임없이 닥치는 거지?'

H502는 어쩔 수 없다는 마음이 들자 몸을 돌려 Q355를 똑바로 바라보았다.

"난 쉽게 잡아먹히지 않을 거야. 온 힘을 다해 싸울 테니까."

H502는 Q355를 향해 뿔을 세웠다.

"워워, 진정해. 난 너에게 해줄 말이 있어 찾아온 거야. 제발 진정하라고."

Q355의 눈을 보니 그가 거짓말을 하는 것 같지는 않았다. H502는 망설이다가 자신의 뿔을 천천히 내려놓았다.

"휴, 잘했어."

Q355가 안도의 숨을 쉬며 가슴을 쓸었다.

"도대체 어떤 녀석이 나를 모함하고 있는 건지 당장 말해!"

H502는 Q355에게 대답을 재촉하였다. 하지만 Q355는 다리를 뒤로 쭉 빼며 스트레칭을 하였다.

"기다려 봐! 스트레칭부터 먼저 하고."

"지금 뭐하는 거야?"

"아! 살 것 같다. 너도 나처럼 계속 누워만 있어 봐. 얼마나 다리가 저린지 알게 될 거야. 그런데다 너 때문에 긴장을 너무 해서 이제는 온몸이 다 저린다."

H502는 Q355가 계속 스트레칭을 하는 모습을 보면서 그가 몸집만 클 뿐 험악한 녀석은 아니라는 생각이 들었다. 하지만 지금은 그런 생각을 할 때가 아니었다.

"자, 이제 말해봐!

H502는 다급한 마음으로 그를 계속 다그쳤다.

Q355는 이제야 만족스럽다는 표정을 지으며 스트레칭을 멈추었다.

"너희 무리 중에 S222가 있지?"

"S222? 그 녀석은 왜?"

Q355가 뜬금없이 왜 S222에 대해 말하는지 알 수가 없었다.

"그 녀석이야."

"뭐? S222라고?"

H502는 너무 놀라 잠시 머리가 멍해지는 느낌이었다.

"아냐, 그 녀석은 이곳으로 들어온 지 얼마 되지 않은 신입이야. 겁 많은 녀석이라고. 우리보다 작은 녀석이 풍뎅이들을 잡아먹고 있다니 믿을 수가 없어. 나한테 거짓말하지 말라고! 혹시 네가 풍뎅이들에게 헛소문을 퍼트리고 다닌 건 아니겠지? 이번에는 S222를 모함하는 거야?"

이 말에 Q355는 H502가 무척 한심하다는 듯 머리를 저었다.

"넌 참 한심한 녀석이구나. 그래서 다른 녀석들이 너를 따돌리는 거였어. 바보스러운 녀석."

"뭐? 바보라고? 네가 어떻게 알아? 계속 돼지처럼 먹고 잠만 자면서 어떻게 알아?"

자신을 한 번도 만난 적이 없었던 Q355가 그런 말을 하다니 H502는 어처구니가 없었다.

"네가 조금이라도 주위를 관심 있게 관찰했다면 벌써 알아차렸을 거야. 하지만 넌 눈치조차 채지 못했어. 난 나의 자리에 누워 들려오는 이야기만으로도 모든 걸 짐작할 수 있었는데 너는 바로 옆에 있으면서도 몰랐다면 그게 바보인 거지. 안 그래?"

"날 놀리는 건 그만둬! 그런 소리는 더는 듣고 싶지 않아. 그런데 너는 어떻게 S222가 그랬다고 확신할 수 있지? 넌 늘 잠만 자고 있었잖아. 그런 너를 구원자라고 믿는 녀석들도 있다니…."

H502는 자신을 계속 바보라고 부르는 Q355에게 결국 화를 내고

말았다.

"그래, 나를 구원자라고 부르는 녀석들이 있더군. 나는 그저 장수풍뎅이일 뿐인데 말이야. 내가 왜 이렇게 다른 녀석들에 비해 큰지 나도 잘 모르겠어. 하지만 내가 다른 녀석들과 다르게 보이는 건 아직 번데기방에서 나오지 말았어야 했는데 너무 빨리 나와서 그래. 시끄러운 까마귀 울음 소리에 너무 놀라서 말이야. 그러다 보니 나의 외피가 다 만들어지지도 못했어."

그는 다소 침울해진 목소리로 말했다.

H502는 예전에 K308이 Q355에 대해 했던 말이 기억이 났다. H502는 다소 경계심을 풀고 말했다.

"그런데 너는 왜 계속 잠든 척을 하고 있었던 거지?"

"처음엔 정말 잠을 잤던 건 맞아. 잠이 쏟아져서 늘 꿈속에서 헤매고 있는 느낌이었으니까. 하지만 정신이 들었을 땐 비로소 내가 이상한 상자 속에 있다는 것을 알게 되었어. 알지 못하는 수많은 풍뎅이와 함께 말이야. 그래서 어떻게 해야 할지 몰라서 그때부터는 계속 잠을 자는 척해야 했어."

"맙소사, 어떻게 그렇게 오랜 시간 동안 자는 척을 할 수 있지?"

H502는 생각만 해도 끔찍하다는 표정을 지었다.

"너의 말대로 그건 정말 힘든 일이야. 하지만 그것도 계속하다 보

168

니 나름 익숙해지더군. 어떻게 해야 할지 모를 때는 그냥 아무것도 하지 않는 것도 도움이 돼. 그러면 문제가 저절로 풀리거나 답이 보일 때가 있지. 배가 고픈 건 정말 참을 수가 없었지만 말이야. 풍뎅이들은 내가 늘 잠들어 있다고 생각하고는 곁에서 이런저런 이야기를 마음 놓고 하더군. 그런데 어느 날 모여서 숙덕거리는 풍뎅이 중 이상한 냄새를 풍기는 녀석이 있었어. '어! 이거 이상한데?'라는 생각이 들었지."

"이상한 냄새라고?"

G240도 전에 이상한 냄새가 난다고 말했었다. 하지만 H502는 갑자기 벌어지는 일들에 신경을 쓰느라 그것에 대해선 까맣게 잊어버리고 있었다.

"설마, 그 냄새가 S222에게서 난다는 말이야? 우리는 늘 그 녀석 곁에 있었어. 한 번도 그 녀석에게서 이상한 냄새가 난다고 생각한 적이 없었어."

H502는 믿을 수가 없어 그에게 물었다.

"그 녀석은 냄새뿐만 아니라 생김새도 우리랑 아니지 너희랑 다른데 그걸 알아차리는 녀석이 한 마리도 없더군."

"그게 무슨 말이야? 우리랑 다른 풍뎅이라니?"

H502는 상자 안에 다른 종류의 풍뎅이가 있을 줄은 생각조차 못

했다.

"내가 비록 너희보다 몸집은 크지만, 너희를 잡아먹는 풍뎅이는 아니야. 나도 엄연히 장수풍뎅이라고. 장수풍뎅이들은 육식을 하지 않아. 하지만 그 녀석은 몸집은 작지만, 육식을 하는 녀석이야. 바로 외뿔풍뎅이라고."

"외뿔풍뎅이? 그… 그게 어떤 풍뎅이지?"

H502는 그런 풍뎅이가 있다는 것을 들어 본 적이 없었다.

"내가 유충이었을 때 함께 있던 유충들을 잡아먹던 풍뎅이들이 있었어. 등에 네모난 홈이 패인 녀석들이었지. 그래서 거기에 있던 유충들은 그 녀석들에게서 나는 냄새가 나면 곧장 몸을 숨기곤 했어. 그런데 이 상자 속에서 그때 맡았던 냄새가 난다는 것을 알고 깜짝 놀랐어. 그리고 어느 날 나의 옆에서 수군거리던 풍뎅이 중 한 마리에게서 그 냄새가 난다는 것도 알게 되었지. 그런데 그 녀석한테 우리와 다른 냄새가 난다는 것을 알아차리는 풍뎅이들이 없다는 것도 신기한 일이었어."

H502는 한없이 착하고 순진해 보이던 S222가 그렇게 무서운 녀석이라는 것을 믿을 수가 없었다.

"잠만 자고 있던 네가 그 이상한 냄새를 풍기는 녀석이 S222라는 것을 어떻게 알아낼 수 있었던 거야?"

"나는 완전한 성충이 되기 전까지는 계속 자는 척하려 했지만 외뿔풍뎅이가 이 상자 속에 있다는 것을 알게 된 이상 불안해서 가만히 있을 수가 없었어."

"그럼, 넌 다른 풍뎅이들 몰래 돌아다녔다는 말이야?"

"그래, 의외로 어렵지 않았어."

H502는 그가 다른 풍뎅이들 몰래 돌아다닐 수 있었다는 게 믿어지지가 않았다.

"너는 정말 믿을 수 없는 말만 계속하고 있어. 어떻게 너처럼 큰 녀석이 돌아다니는데 아무도 모를 수가 있어?"

"그건 한밤중에 일어나 몰래 돌아다녀서 그래. 난 오히려 상자 속 풍뎅이들이 한밤중에 깊게 잠든다는 것이 이해가 되지 않지만…. 어쨌든 너희가 그 녀석의 실체를 쉽게 눈치채지 못했던 건 그 녀석이 의도적으로 상자 속의 분위기를 어수선하게 만든 것도 한몫했어. 모두 다른 일에 신경 쓰느라 S222를 눈여겨보지 못한 거야."

그건 일리가 있는 말이었다.

"내가 풍뎅이들을 잡아먹는 범인이라고 말하는 것을 듣게 되자 내 눈으로 그 이상한 냄새를 풍기는 녀석을 직접 확인해보기로 하고 잠들어 있는 풍뎅이들을 하나씩 살펴보기 시작했지. 그런데 너의 친구들과 함께 잠들어 있던 S222의 등에 홈이 패여 있다는 것을 발견했어. 그리고 바로 그 녀석이 풍뎅이들을 속이며 이런저런 말을 흘리고 다니는 녀석이라는 것도 알게 되었어. K308이 아니라 그 녀석이 육풍들을 없애자고 한 것인데도 간교하게 K308이 말한 것처럼 다른 풍뎅이들이 믿게 만든 거야."

"그런데 왜 여태껏 다른 풍뎅이들한테 모든 진실을 말하지 않았던 거야?"

H502는 그가 모든 것을 알고 있었는데도 K308이 죽을 때까지 모른 체했다는 생각이 들자 Q355에게 몹시 화가 났다.

"물론 나도 너희에게 알려 주고 싶었어. 하지만 여태 이곳이 어떻게 돌아가는지 보고도 모르겠어? 잠만 자던 내가 어느 날 벌떡 일어나서 '저 자식이 우리를 잡아먹는 아주 무서운 놈이다!'라고 말한다면 그걸 믿을 풍뎅이가 과연 몇 마리나 될까? S222의 말에 모두 속아 넘어가 서로 죽도록 싸우기까지 했잖아. 그러니까 확실한 증거를 잡을 때까지는 쉽게 말해서는 안 돼. 괜히 그 녀석이 빠져나갈 빌미만 제공할 뿐이야. 그리고 너도 그 녀석이 그런 놈이라는 증거를 잡기 전에는 절대 어떤 풍뎅이에게도 말하지 않는 것이 좋아. 머리가 비상한 녀석이라서 또 무슨 일을 벌일지 모르니까."

H502는 당장에라도 S222에게 달려가고 싶었지만, Q355의 말이 맞았다. 진실은 쉽게 가려지고 누군가를 모함하는 말은 쉽게 믿어지

고 전달되었다. 그걸 생각하니 상자 속에 갇혀 있는 현실이 더욱 끔찍하게 싫었다. 하지만 예전 G240이 그에게 말했던 것처럼 그가 상자 안에 있다는 사실을 바꿀 수는 없는 일이었다.

H502는 Q355를 향해 알겠다는 표시로 머리를 끄덕였다. 창문 밖으로 비바람이 몰아치고 있었다.

"나는 그동안 자는 척하면서 이런저런 생각을 곰곰이 해 보았어. 그러다 보니 S222가 왜 풍뎅이들끼리 서로 싸우게 하는지 그 진짜 이유를 조금은 알게 되었어."

"진짜 이유?"

"가끔 육식을 해야 하는 녀석이 계속 젤리만 먹어야 하는 것이 곤욕이었겠지. 그렇다고 함부로 풍뎅이를 잡아먹었다간 자신의 정체가 탄로가 날 것이고 그러면 이 상자 안에서 살아남을 수 없다는 것을 알았을 거야. 그래서 자신이 풍뎅이를 잡아먹어도 그것을 다른 풍뎅이가 한 짓이라고 여기게끔 해야 하는데 그때 떠오른 것이 바로 나였겠지. 풍뎅이들이 쉽게 어찌할 수 없는 나를 의심하게 한 다음 그 녀석은 몰래 풍뎅이를 잡아먹기 시작한 거야."

"그렇다면 왜 K308이 육풍들을 공격하자고 선동했다는 음모를 꾸민 걸까? 그 녀석도 K308의 도움을 많이 받았는데 왜 다른 풍뎅이도 아니고 하필 같은 무리에 있는 풍뎅이를 말이야?"

173

H502는 S222가 아무리 육식풍뎅이였어도 다른 풍뎅이도 아닌 자신을 돌봐준 K308을 모함한 것이 너무나 괘씸했다. 그리고 지금은 S222에게 친구로 대했던 자신마저도 모함하고 있다는 것이 너무 화가 났다.

"그 녀석은 언젠가 자신의 정체가 탄로 날 것이 불안해서 미리 강한 풍뎅이들을 없애 두려는 거야. 그래서 풍뎅이들이 육풍들을 공격하게 하였고 육풍들은 나를 공격하게 했어. 그리고 무리 중 가장 단합이 잘되는 너희 무리의 대장 격인 K308이 뒤에서 선동했다고 한 것이고. 그는 똑똑한 K308이 많이 걸렸을 거야. 풍뎅이 중 가장 먼저 자신의 정체를 눈치챌 수 있는 녀석이 가까이에 있는 K308이라고 생각했을 테니까."

H502는 Q355의 설명을 듣고 나니 그제야 모든 것이 이해가 되었다. 하지만 아직 풀리지 않는 의문점이 한 가지 남아 있었다.
"그렇다면 그 녀석은 왜 내가 K308을 모함했다고 일을 꾸민 거지?"
"그 이유는 나도 아직 모르겠어. 풍뎅이들이 너에 대해 말하는 것을 듣고 이번에는 S222가 너를 없애려고 한다는 것을 알게 되었어. 하지만 왜 그런지는 잘 모르겠어. 앞으로 더 알아보겠지만, 그전에 네가 죽을 것 같아서 이렇게 찾아온 거야."

"네가 여기에 온 게 내가 죽을까 봐 걱정되어서 온 거라고? 난 너를 따르는 풍뎅이도 아니고 너의 친구도 아닌데 왜…?"

H502는 다른 풍뎅이들의 젤리를 먹어치우던 이기적인 풍뎅이인 그가 한 번도 만난 적도 없는 자신이 죽을까 봐 걱정되어 온 거라는 게 믿기지지가 않아 잠시 그를 빤히 쳐다보았다.

"아까도 말했지만 그래서 네가 한심하다는 거야. 하나만 알고 둘은 모르는 바보지."

Q355는 머리를 저으며 또다시 그를 놀리듯 말했다.

"S222는 지금 강해 보이는 풍뎅이들을 먼저 이 상자 안에서 없애려고 하고 있어. 그리고 풍뎅이들끼리 서로 싸우게 해서 그 틈을 타 풍뎅이들을 잡아먹으려는 것은 명백해진 일이야. 그 녀석의 음모가 계속된다면 나의 안전도 장담하지 못해. 그런데 지금 그 녀석은 너를 함정에 빠뜨리고 있어. 정확하게 그 이유가 무엇인지는 모르겠지만 우선 너를 구해야 나도 안심할 수 있을 것 같아. 계속 이렇게 흉흉한 분위기가 지속한다면 곧 나도 풍뎅이들에 의해 K308의 꼴이 되고 말 거야. 그래서 내가 당장 할 수 있는 일은 너에게 이 사실을 알려주는 게 우선이라고 생각하게 된 거야."

"범인이 S222라는 것을 알았다면 네가 직접 그 녀석을 해치울 수도 있잖아?"

Q355 정도라면 한 번에 그를 제압할 수 있을 텐데 그러지 않는 것이 오히려 이상했다.

"확실한 증거 없이 내가 그 녀석을 없애려고 하거나 없앤다면 풍뎅이들을 잡아먹는 괴물이 바로 나라고 인정하게 되는 것밖에 되지 않아. 그렇게 되면 여기에 있는 모든 풍뎅이가 나를 없애려고 들 거야. 그나마 지금까지 나를 지켜주는 풍뎅이들 덕에 시간을 벌 수 있었는데 괜히 일을 크게 만들고 싶지 않아."

이야기를 듣고 보니 Q355도 이러지도 저러지도 못하는 상황이었던 것이다.

"그런데 나는 아무것도 할 수 없어. 더군다나 나를 도와줄 친구 하나 없는 외톨이 신세라고."

"네가 외톨이라고? 너에겐 G240이 있잖아. 가장 싸움을 잘하는 녀석을 친구로 두고도 외톨이라니."

"너는 내가 G240을 만나는 것까지 알고 있었던 거야?"

"너희가 저기 저 높은 돌무더기 위에서 이야기하는 것을 몇 번 보았어."

"나는 아무도 우리를 보지 못한 줄 알았는데 이럴 수가!"

덩치가 큰 Q355가 상자 안이 훤히 보이는 곳에 앉아 있던 그들에게도 눈에 띄지 않게 돌아다니고 있었다는 것이 믿어지지가 않았다.

"문제는 나만 너희를 본 게 아닐 수도 있어. S222도 분명 너희를 보았을 거야."

"그렇다면 지금 우리가 여기에 이렇게 이야기하는 것도 지켜보고 있다는 말이잖아."

H502는 주위를 이리저리 살펴보았다.

"그건 걱정하지 않아도 돼. 나를 지켜주는 풍뎅이들 몇 마리에게 S222를 지켜보라고 했으니까. 그 녀석이 이쪽을 향해 오면 미리 알려주기로 했어."

"너를 따르는 풍뎅이들은 네가 이렇게 돌아다닌다는 것을 알고 있단 말이야?"

"모두는 아니야. 그리고 우린 곧 여기서 나갈 거야."

"뭐? 여기서 나간다고?"

Q355의 이야기는 놀라움의 연속이었다.

"이상해. 여기 풍뎅이들은 왜 나갈 생각을 하지 않는 거지?"

Q355는 그게 오히려 이상하다는 듯이 말했다.

"이곳을 나가는 것이 너의 말처럼 그렇게 쉬운 일이라면 너는 왜 여태 이곳에 있었던 거야?"

"나도 빨리 나가고 싶었지만, 아직 내 날개가 다 만들어지지 않아서 그래."

그는 등에 붙어 있는 날개를 펼쳐 보였다.

"날개라니? 이런 날개로 날아갈 생각을 한단 말이야? 우린 날 수 있는 풍뎅이들이 아니야."

H502는 자신의 날개도 펼쳐 보였다.

"난 그것도 정말 이상했어. 왜 다들 자신들의 날개를 등에 붙이고 다니면서 날 수 있다는 것을 모르는 걸까?"

"이 상자 속에서 날아보았자 아무 소용이 없으니까 날지 않는 거야. 그래서 점점 날개는 퇴화하여 더는 날 수 없게 된 거야."

H502는 자신의 날개를 펄럭이며 말했다.

"퇴화하였다고? 왜 그렇게 말도 안 되는 소리를 하는 거지? 우린 원래부터 날 수 있는 풍뎅이들이야. 그걸 모두 잊고 있는 게 문제지. 우리 날개에는 문제가 없어."

Q355도 자신의 날개를 펄럭여 보이며 말했다.

"네 말대로 우리가 날 수 있다고 쳐. 하지만 이 상자 밖으로 빠져나갈 방법도 없고 빠져나간다 해도 저 밖은 위험천만한 곳이라고. 이 날개로 우리가 어디까지 날아갈 수 있겠어?"

H502는 G240과 나누었던 말을 Q355와 또다시 나누고 있다고 생각하니 헛웃음이 나왔다.

"위험한 건 이 상자 속도 마찬가지 아니야? 지금 네 꼴을 보라고."

Q355는 H502가 몹시 답답하다는 표정으로 말했다.

"하지만 이 상자 속은 우리가 아는 세상이야. 저 밖은 우리가 전혀 모르는 세상이고, 숲이 얼마나 멀리 있는지 알 수도 없어. 우린 숲으로 가는 방법도 몰라. 여기서 나가면 아무것도 먹을 수 없게 될지도 몰라. 하지만 여기는 인간이 넣어주는 젤리라도 있잖아."

젤리를 가장 많이 먹어 치우던 Q355가 어떻게 배고픔을 참을 수 있을 지도 의문이었다.

"우리가 그 방법을 모른다고? 우린 본능에 따라 그 모든 걸 알고 있어. 그걸 모른다니 말도 안 돼. 신이 우리에게 준 힘을 너는 너무 과소평가하고 있어. 그런데다 너는 완전 중증이야."

Q355는 H502에게 혀를 찼다.

"중증이라니?"

"너무 앞서서 문제만 생각하고 그 때문에 압도당하는 거. 그러니까 온통 문제들만 많아지고 커져 보이는 거야. 그래서 해보지도 않고 그 무게에 짓눌려서 한 발자국도 나아가지 못하고 늘 제자리에서 맴도는 게 중증이 아니고 뭐겠어? 그런 너를 G240은 친구라고 여긴

다니…."

"너 혹시 G240도 만났던 거야?"

"그래, G240도 만났었지. 넌 너의 문제에만 너무 빠져 있어서 현실을 제대로 보지 못하고 있어. 그렇지 않았다면 벌써 넌 G240에게 가서 함께 의논했을 거야. 넌 좋은 친구를 옆에 두고도 모르는 바보야. 그래서 내가 너를 한심하다고 하는 거야. 그런 너를 끝까지 믿어주는 그 녀석이 정말 대단하다. 넌 항상 마음이 바뀌곤 하지. 너의 마음이 심하게 흔들리는 건 문제들에 의해 이리저리 흔들리는 너의 마음을 그대로 두기 때문이야. 그건 너의 게으름의 핑계일 뿐이야. 그러니 흔들리지 않으려면 그 마음을 굳은 의지로 단단히 묶을 필요가 있어. 그래야 문제들을 생각해도 크게 흔들리지 않고 너의 결심을 행동에 옮길 수 있어. 너는 여태 생각만 하느라 아무것도 하지 않고 허송세월만 보내고 있다고. 우리에겐 시간이 많지 않아. 한 달? 두 달? 도대체 우리가 언제까지 살 거라고 생각해? 우리에게 주어진 시간은 영원하지 않아. 그것을 모두 알면서도 마치 시간이 영원한 것처럼 착각하며 살아가고 있어."

Q355의 말에 그는 자존심이 몹시 상했다. 처음 만난 풍뎅이에게도 이런 이야기를 듣게 되다니…. 그는 할 말을 잃었다. H502는 방금

전까지만 해도 죽으려는 마음뿐이었다. 그런 그에게 시간이 영원한 것으로 생각하지 말라니…. 자신의 심정도 제대로 모르면서 쉽게 말하지 말라고 하고 싶었지만 그는 입을 다물었다. 그런데 Q355는 계속 이어서 말을 했다.

"내 말에 기분이 나쁘겠지만 너를 또다시 만날 수 있을지 몰라서 지금 말해 두려는 거야. 아무쪼록 죽을 생각 따윈 하지 말고 지금의 위기를 잘 벗어나길 바란다. 아무리 최악의 상황이라도 반드시 벗어날 길이 있다고 믿는다면 그 길이 반드시 보일 거야. 그러니 너의 목숨을 그렇게 쉽게 버리려고 하지도 마. 그럼 행운을 빈다. 아! 다른 녀석들에게 나에 대해선 비밀로 해 줘."

그는 돌아서며 그에게 눈을 찡긋해 보였다.

"알았어. 당분간은 비밀로 할게."

그는 자신이 죽으려고 했다는 사실을 Q355가 눈치채고 있었다는 것이 당혹스러웠지만, 그에 대한 비밀을 지켜주기로 했다.

Q355가 떠나자 H502는 창문 밖을 바라보았다. 천둥·번개는 멈추었지만, 여전히 비바람이 세차게 창문을 때리고 있었다. Q355를 만나고 나니 조금 전까지 죽으려고 했던 마음이 싹 사라져 버렸다.

'정말 Q355가 이 상자 밖으로 나갈 수 있을까? G240도 이 녀석에

대해 알고 있었다니….'

　H502는 머릿속이 혼란스러웠다. '신이 우리에게 주신 힘을 너무 과소평가하고 있어.'라고 Q355가 한 말이 자꾸 그의 귓가에서 맴돌았다.

　'그나저나 음모를 꾸미고 모함을 하고 다닌 녀석이 S222였다니… 맙소사!'

　S222를 다시 떠올리자 당장에라도 그에게 달려가고 싶었지만 그렇게 해보았자 그를 잡을 수도, 자신의 말을 믿어 줄 풍뎅이도 없을 거란 생각에 우선 마음을 진정시켰다.
　'그래, 이제부터 하나씩 차근차근 해결해 보자. 우선 K308과 나의 결백을 꼭 밝히고 말 거야!'
　그는 이렇게 다짐하며 둔덕을 내려왔다.

H 5 0 2   S T O R Y

08
탈출자
잊고 있던 힘

어떤 일에 있어서 가장 중요한 것은 그 일에 대한 믿음이다.

윌리엄 제임스

H502는 Q355의 말을 완전히 믿을 수는 없었지만 그래도 S222를 눈여겨 지켜보기로 했다. Q355의 말을 들어서일까? 며칠 동안 지켜본 S222의 행동은 수상한 점이 한둘이 아녔다. S222는 풍뎅이들 사이에서 조용히 앉아 그들의 말에 맞장구를 쳐주며 다른 풍뎅이들이 그에게 허물없이 대하도록 하고 있었다. 그리고 틈이 날 때마다 그는 그들에게 속삭였다.

"Q355는 풍뎅이를 몰래 잡아먹는 괴물이 틀림없어. 잠들어 있을 때 반드시 없애버려야 해. 그렇지 않으면 우리마저 잡아먹히게 될지 몰라. 우리가 힘을 합치면 저 녀석을 없앨 수 있어."

그러자 다른 풍뎅이들도 한마디씩 거들었다.

"맞아, 우리도 잡아먹힐지 몰라. 그러니까 그 전에 없애버려야 해."

S222의 행동을 유심히 지켜보고 나서야 H502는 그가 자주 K308의 무리에서 자주 없어졌다 나타나곤 했던 게 떠올랐다. 그것을 한 번도 이상하게 생각하지 않았다니.

이렇게 몰래 다른 풍뎅이들을 만나고 다니면서 음모를 꾸몄을 줄은 상상도 하지 못했던 일이었다. 그런데 이제 Q355를 없애려는 이유는 알았지만 왜 자신도 그의 제거 대상이 되었는지는 아무리 생각해도 알 수가 없었다. 그는 S222가 위험한 풍뎅이라는 심증이 굳어지자 G240을 만나서 의논을 해보기로 했다.

'한동안 G240을 찾아가지 않았는데 예전처럼 나를 대해 줄까?'

이런 생각에 주저하는 마음이 생겼지만 이것저것 생각할 시간이 없었다. 빨리 밤이 오기만을 기다리고 있는데 상황은 그에게 G240을 만날 시간을 내어 주지 않았다.

턱수염이 젤리를 넣어 주는 시간이 되자 풍뎅이들이 한두 마리씩 몰려들기 시작했다. 그때까진 상자 안 풍뎅이들의 모습은 전과 다를 게 없어 보였다.

턱수염은 G240을 살펴보며 말했다.

"이 녀석은 왜 이렇게 작은 거야? 다음 주엔 꼭 투전에 나가야 하는데 큰일이야."

그는 G240의 몸집이 그가 생각하는 만큼 빨리 자라지 않는다며 투덜거렸다.

"잠만 자는 이 녀석은 날이 갈수록 몸집이 커지고 있는데 말이야. 이 녀석을 내보내면 정말 잘 싸울 것 같단 말이야. 아직 멀었나?"

그는 손가락으로 누워있는 Q355의 등을 콕콕 눌러 보았다.

"껍질이 이젠 제법 딱딱해진 것 같군. 세바스찬, 나중엔 이 녀석을 내보내야겠어."

턱수염이 이렇게 말하자 까마귀 세바스찬은 날개를 퍼덕여 보였다. 턱수염은 상자의 뚜껑을 닫고 풍뎅이 방에서 나갔다. 그런데 그를 따라나가던 세바스찬이 전처럼 몸을 돌려 상자를 바라보았다. 그를 보고 있던 H502는 또 자신의 눈을 의심해야 했다.

"이 인간이 뚜껑을 또 제대로 닫지 않았어. 저렇게 놔둬도 될까? 쳇, 뚜껑을 열어 놓는다 해도 저 멍청한 풍뎅이들은 나갈 생각조차 하지 못하는데 뭐."

까마귀가 이렇게 말하고 있었다.

'또 망상이야.'

라고 생각하며 H502는 이렇게 생각하며 자신의 머리를 흔들었다.

그들이 방에서 나가자 풍뎅이들의 움직임이 빨라졌다. 육풍들과 작은 풍뎅이들이 함께 Q355를 향해 몰려가기 시작했다.

'또다시 Q355를 없애려고 하는 거야. 이번에는 그 녀석이 정말 위험하겠어.'

H502도 젤리를 먹어 치우는 Q355가 썩 마음에 들진 않았지만 이런 식으로 그가 없어진다면 더 큰 위험이 닥칠 것 같았다. 그는 지름길을 이용해 그가 있는 곳으로 달려갔다.

"어서 Q355를 깨워! 어서 빨리!"

그는 Q355를 지키고 있는 풍뎅이들에게 소리쳤다.

"뭐? 무슨 말을 하는 거야?"

그들은 위험을 알리려고 온 H502를 막아섰다.

"지금 Q355를 공격하기 위해서 다들 몰려온다고."

H502가 다급하게 소리쳤지만, 그들은 그의 말을 들으려고 하지

않았다.

"H502! 또 무슨 수작이야?"

H502는 다급한 마음에 Q355도 들을 수 있게 큰 소리로 말했다.

"이러지 말고 어서 Q355에게 일어나서 도망가라고 해!"

"안 돼, 우린 함부로 구원자를 깨워서는 안 돼."

막아서는 풍뎅이들은 완강했다. 그들이 실랑이하는 사이 육풍들과 수십 마리의 풍뎅이들이 몰려 왔다. 그제야 Q355를 지키고 있던 풍뎅이들이 놀라며 어찌할 바를 몰라 했다.

"어떡하지?"

그들 중 한 마리가 말했다.

"어떡하긴 목숨을 걸고 막아야지."

"그래! 목숨을 걸고 막아야 해. Q355가 죽으면 우린 살 의미가 없어."

그들은 굳은 결의에 찬 모습으로 말했다.

H502는 그런 그들이 몹시 답답하면서도 한편으론 그들의 물러서지 않는 행동에 놀랐다. 전에도 당했던 터라 몰려오는 풍뎅이들이 무서워 바로 도망갈 줄 알았는데 그들은 또다시 목숨을 걸고 Q355를 지키겠다는 것이다.

이전에 G240이 그에게 '존재는 의미를 두는 것으로 삶의 고통을 이겨낸다.'라는 말을 한 적이 있었다. 이 풍뎅이들은 Q355로부터 그

의미를 얻고 있었던 것이다. 각자 의미하는 것이 다를 수 있다고 했는데 H502는 그 말의 뜻이 지금에서야 이해가 되었다. Q355에 대해 갖고 있는 신념이 그들을 죽음도 두렵지 않게 하는 것이다.

H502는 싸움에 휘말리지 않기 위해 서둘러 그 자리를 피했다. 그리고 멀찍이 떨어져서 그들을 지켜보았다.

몰려온 풍뎅이들과 막아서는 풍뎅이들과의 몸싸움이 시작되었다. 그들 무리에서 G240도 S222도 보이지 않았다. G240은 이번 일에도 육풍들한테 따돌림을 당하고 있는 것이 분명했다. 그리고 이 일을 벌인 S222는 어디선가 이 광경을 지켜보고 있을 거라는 확신이 들었다. 속으로 쾌재를 부르면서 말이다. 그때 풍뎅이 한 마리가 재빠르게 다가와 몸싸움하고 있는 풍뎅이들을 밀쳐내며 소리쳤다.

"그만들 해!"

G240이었다. 풍뎅이들이 막아서는 그를 향해 공격했지만 이내 많은 풍뎅이가 떨어져 나갔다. 그는 예전보다 훨씬 더 강해져 있었다. 몰려온 풍뎅이들이 G240에게 소리쳤다.

"여기, 이 돼지 같은 녀석이 우리가 먹을 젤리를 다 먹어치우다 못해 우리 풍뎅이들마저 잡아먹고 있다고. G240! 너는 왜 이런 Q355를 보호하려고 하는 거야?"

그러자 이번에는 Q355를 지키는 풍뎅이들이 격분하며 소리쳤다.

"Q355가 풍뎅이들을 잡아먹었다는 증거를 가져와."

그들의 말에 몰려온 풍뎅이들이 말했다.

"밤에 Q355가 돌아다니는 걸 봤다는 녀석이 있어."

"그게 누군데?"

그때 그들 곁으로 다가오는 풍뎅이 한 마리가 있었다. S222였다. 그는 겁에 질린 표정으로 말했다.

"내가 봤어. 그동안 너무 무서워서 말을 못했는데 이제는 말해야겠어. 저 녀석이 풍뎅이를 잡아먹는 걸 이 두 눈으로 똑똑히 보았어."

S222의 말에 Q355를 따르는 풍뎅이들이 당황하기 시작했다.

'아, 연기하는 것이 저렇게 한눈에 보이는데 왜 그동안 모두 속고 있었지?'

H502는 그동안 그의 연기에 감쪽같이 속았다는 생각에 몹시 분개했다.

"S222! 거짓말하지 마! 정말 너의 두 눈으로 봤단 말이야?"

Q355의 앞에 서 있는 풍뎅이 한 마리가 물었다. S222는 머리를 끄덕여 보였다.

"내 두 눈으로 똑똑히 보았어. 그리고 어젯밤에는 저기에 서 있는 H502를 만나는 것도 보았다고."

S222의 말에 H502는 깜짝 놀랐다. 분명 Q355의 풍뎅이들이

S222를 지켜본다고 했었는데 어떻게 그들을 따돌렸는지 그의 숨어 다니는 능력이 감탄스럽기까지 했다.

S222의 말에 모두 H502가 서 있는 쪽을 바라보았다. 그리고 몇몇의 풍뎅이가 소리쳤다.

"H502가 우릴 모략하고 Q355가 다른 풍뎅이들을 잡아먹을 수 있도록 도와준 것이 틀림없어. 저 녀석부터 없애자고!"

그들은 뿔을 세워 보였다. 그런 그들의 모습에 H502는 뒷걸음질을 치기 시작했다.

"멈춰! 모두 속고 있는 거야! 다들 정신 차려!"

G240이 다시 그들을 막아섰다. 하지만 그들은 G240을 밀쳐 내고 H502 앞으로 몰려오기 시작했다. H502는 서둘러 도망가기 시작했지만, 풍뎅이들은 그를 쉽게 따라잡았다.

'이제 잡혔구나!'

H502가 이렇게 생각하는 순간 풍뎅이 한 마리가 큰 소리로 외쳤다.

"저길 봐! Q355가 날고 있어."

그의 말에 모두 뒤를 돌아보았다. 놀랍게도 잠자고 있던 Q355가 위로 날아오르고 있었다.

"와! Q355가 날다니!"

모든 풍뎅이가 일순간 동작을 멈춘 채 날아오르고 있는 Q355를 쳐다보았다. 모두 그가 위로 날아가는 모습에 놀라 입을 다물지 못했다. 더욱 놀라운 건 그가 날아오르자 그를 따르던 풍뎅이 중 몇 마리도 몇 번 날갯짓을 해보더니 그를 따라 날아오르기 시작했다. 처음에는 쉽지 않은지 여기저기 부딪히기도 했지만 이내 균형을 잡고 날아오르기 시작했다.

도망가던 H502도 멈추어 서서 Q355의 무리를 쳐다보았다.

'날았어. 정말 날고 있어!'

전날 Q355가 말할 때만 해도 반신반의했었는데 지금 H502의 눈 앞에서 Q355가 날아오르고 있는 것이다. 놀라운 일은 그것이 다가 아니었다.

Q355가 상자 위를 덮고 있는 뚜껑에 다다르자 지켜보던 풍뎅이 들은 그가 더 이상 날지 못하고 아래로 내려오게 될 것이라고 생각 했다. 하지만 그 누구도 상상조차 못했던 일이 벌어졌다. Q355는 상 자의 모서리 부분으로 기어가더니 덮여 있던 상자 뚜껑을 자신의 몸

으로 밀어 올렸다. 그러자 꿈쩍도 하지 않을 것 같던 상자 뚜껑이 그가 힘껏 몇 번 밀어 올리자 뚝~ 하는 소리와 함께 어이없이 쉽게 귀퉁이 부분이 열려버렸다.

"열렸어! 저 뚜껑이 열렸다고!"

풍뎅이들이 놀라서 소리치기 시작했다.

"Q355가 뚜껑을 열었어. 굉장한 힘이야!"

"맙소사, 저걸 열다니. 내가 지금 꿈을 꾸고 있는 것 같아."

"창문도 열려 있어."

누군가의 외침에 그들은 모두 창문 쪽을 바라보았다. 그의 말대로 창문이 활짝 열려 있었다.

지켜보고 있던 풍뎅이들은 Q355를 괴물 풍뎅이라고 부른 사실을 모두 잊어버렸다. 그 순간 그들의 관심은 Q355의 무리가 무사히 상자 밖을 빠져나가 열린 창문 밖으로 나갈 수 있을지에만 온통 집중되었다. Q355는 열린 틈으로 자신의 육중한 몸을 밀어 넣어 상자 밖으로 나갔다. 그러자 그 뒤의 풍뎅이들도 그를 따라나갔다.

"우와! 나갔어."

풍뎅이들이 함성을 질렀다. Q355는 상자 밖으로 나가자 다시 날개를 펴고 열려 있는 창문을 향해 날기 시작했다. 하지만 몸이 무거

위 창문에 도달하기도 전에 아래로 떨어지기 시작했다.

"안 돼! 힘을 내!"

"힘내! 힘내!"

지켜보던 풍뎅이들은 어느 사이 모두 가슴을 졸이며 Q355를 응원하기 시작했다. Q355는 있는 힘껏 날갯짓을 해서 다시 위로 날아올랐다. 그는 몇 번 더 창문 옆 벽에 부딪혔지만, 마침내 열린 창문 밖으로 무사히 날아갔다.

"나갔어, 나갔다고."

어떤 풍뎅이들은 믿을 수가 없다는 듯 자신의 눈을 비볐다.

상자 뚜껑 위에서 Q355가 무사히 창문 밖으로 나가는 것을 지켜본 Q355 무리의 나머지 풍뎅이들도 그를 따라 창문을 향해 날아가기 시작했다. 모두 여기저기 부딪히며 아슬아슬하게 날았지만 한 마리의 풍뎅이도 낙오하지 않고 무사히 창문 밖으로 나갈 수 있었다. 지켜보던 풍뎅이들은 그들이 무사히 빠져나가자 모두 안도의 숨을 쉬었다.

"믿을 수 없어. 정말 저 녀석들이 이곳을 빠져나가다니. 그것도 이렇게 쉽게 날아서 말이야."

몇몇 풍뎅이들은 그 자리에서 날갯짓을 따라 해보았다. 하지만 지켜보고 있던 풍뎅이들 중 그들을 따라나서는 풍뎅이는 한 마리도 없었다. 그들은 멍하니 창문 밖을 바라볼 뿐이었다.

"저들은 무사할까?"

그랬다. 창문 밖 저 너머는 상자 속 풍뎅이들이 감당하기엔 너무나도 두려운 미지의 세상이었다. 그들이 바로 죽음을 맞이하게 될지, 아니면 달콤한 수액이 흐르는 낙원 같은 숲으로 가게 될지, 그 누구도 장담할 수 없는 일이었다. 그래서 어떤 풍뎅이도 그들을 따라갈 엄두를 내지 못하고 있는 것이다.

H502는 풍뎅이들과 함께 서 있는 G240을 바라보며 생각했다.

'하지만 왜 저 녀석은 Q355를 따라가지 않는 걸까? 그는 언제나 저 세상 밖으로 나가고 싶어 했는데 왜 다른 풍뎅이들처럼 저렇게 지켜만 보고 있는 거지?'

굳은 표정으로 서 있던 G240이 풍뎅이들을 향해 소리쳤다.

"이제 다들 자리로 돌아가!"

"H502는 어떻게 할 거야?"

G240에게 소리친 녀석은 S222였다. 그는 계획했던 것과는 전혀 다른 방향으로 상황이 흘러가고 있어 꽤 당황한 모습이었다.

"Q355가 범인이라면 모든 게 곧 밝혀지겠지. 그때 가서 추궁해도 돼. 그러니까 모두 해산해."

풍뎅이들은 G240의 말대로 순순히 각자의 자리로 돌아갔다. 자신들이 없애려고 했던 Q355가 상자 밖으로 나갔기 때문에 계속 싸울 이유가 없기도 했지만 사실 그들 마음 속에는 두려운 감정이 들었기 때문이었다. 몇몇 풍뎅이들이 수군거렸다.

"Q355가 정말 구원자였던 거 아냐?"

"왜 그렇게 얘기해?"

"그를 전적으로 따르던 녀석들도 그를 따라 여기에서 빠져나갔잖아. 그를 목숨 걸고 믿던 녀석들이야. 그러니까 Q355가 그 풍뎅이들을 구원해준 게 아닐까?"

"에이 그렇다 하더라도 저 바깥세상에 나가자마자 죽을 수도 있어. 그러니까 그것을 알기 전에는 모르는 일이야."

"그래, 네 말이 맞아. 그게 구원인지 아닌지는 아직 알 수 없어."

그렇게 풍뎅이들은 말하고 있었지만, 그들의 눈빛은 매우 혼란스러워 보였다.

한편 몇몇 풍뎅이들은 한 번도 펼쳐 본 적이 없던 날개를 폈다가 접었다가 하며 날갯짓을 계속 해보았다. 그러다 위로 날아오르는 풍뎅이도 하나둘 생겨났다.

"우와 나도 날 수 있잖아."

"이봐! 나도 날 수 있어."

그러자 여기저기서 풍뎅이들이 날갯짓을 하며 날아올랐다. 그들은 그런 자신들이 신기한지 바닥으로 내려왔다 다시 위로 날아오르기를 반복하곤 했다. 그때 방문 밖에서 세바스찬이 울어 대는 소리가 들려왔다.

풍뎅이들이 있는 방에서 부산한 소리를 들었는지 발톱으로 방문을 긁으며 꺅꺅 울어댔다. 그러자 아래층에 있던 턱수염이 그의 울음소리를 듣고 문을 열고 들어왔다. 날아오르던 풍뎅이들이 깜짝 놀라서 모두 바닥으로 내려왔다. 그리고 모든 동작을 멈추고 턱수염을 바라보았다.

"왜 그러는 거야, 세바스찬. 왜 문을 열어…?"

그는 세바스찬에게 말을 하다가 방 한가운데에 놓여 있는 상자 뚜껑의 한 귀퉁이가 열려 있다는 것을 발견했다.

"이게 왜 열려 있지? 내가 아침에 제대로 닫지 않았나?"

그는 뚜껑을 눌러 닫았다. 그리고 혹시 빠져나간 풍뎅이들이 없는지 상자 속을 들여다보았다.

"큰 녀석이 보이지 않잖아. 젠장! 그사이 도망가버렸군."

턱수염은 이마를 긁적이며 얼굴을 찌푸렸다. 세바스찬도 상자 안을 들여다보았다.

"내가 이럴 줄 알았다니까."

H502의 눈에는 까마귀가 이렇게 말하고 있었다. H502는 이제 더는 부정할 수 없었다.

'나는 분명 새들의 몸짓 언어를 알아들을 수 있는 거야!'

턱수염은 방 안에 돌아다니고 있는 풍뎅이들이 없는지 살펴보고는 뚜껑 위에 임시로 벽돌 몇 개를 가져와 올려놓았다.

"예상했던 대로 힘이 센 녀석이었어, 이 뚜껑을 열고 나가다니."

턱수염은 투전에서 큰돈을 벌게 해 줄 것 같았던 Q355가 탈출해 버리자 몹시 화가 난 것처럼 보였다. 그는 몇 번이나 이곳저곳을 살피고 난 후에야 방에서 나갔다. 까마귀 세바스찬은 탈출한 풍뎅이들을 찾아보려는지 창문 밖으로 날아갔다.

'Q355와 녀석들이 무사히 숲으로 가야 할 텐데….'

H502는 잠시 창문 밖을 바라보며 서 있다가 다른 풍뎅이들을 피해 황급히 자리를 떴다.

H 5 0 2   S T O R Y

09
변화
방황하는 G240

우리는 신의 뜻이다.

헬렌 켈러

Q355와 그를 따르는 똘마니들의 탈출은 상자 속 풍뎅이들을 완전히 바꾸어 놓았다. G240이 육풍들과의 대결에서 보여 주었던 기술(공중에서 상대를 뒤집는 기술)이 한때 풍뎅이들 사이에서 유행했지만, G240이 대장으로서 큰 힘을 쓰지 못하자 이내 그 유행의 열기는 사그라졌었다. 하지만 새로운 유행은 꽤 오래갔다. 풍뎅이들이 Q355의 날갯짓을 따라 하며 너나 할 거 없이 상자 속을 날아다니는 일은 쉽사리 사그라들지 않았다.

탈출한 풍뎅이들을 찾지 못한 세바스찬은 상자 속 풍뎅이들이 날아다닐 때마다 요란한 울음소리를 내며 상자를 쪼아 대었다. 하지만 풍뎅이들은 아랑곳하지 않고 상자 속 여기저길 날아다녔다. 결국, 턱수염은 상자를 쪼아 대며 꺅꺅 울어 대는 세바스찬의 시끄러운 소리를 참을 수 없어 풍뎅이 방에서 그를 쫓아냈다. 그 후 세바스찬은 한동안 풍뎅이들이 있는 방에 들어오지 못했다.

풍뎅이들이 상자 속을 날아다니기 시작하면서 육풍들은 작은 풍뎅이들을 제압하기가 점점 어려워졌다. 한꺼번에 여기저기 날아다니는 그들을 힘으로 제어하기가 쉽지 않았기 때문이었다. 그러다 보니 자연스럽게 젤리를 먹는 규율도 무너졌다. 턱수염이 젤리를 상자 속에 넣어 주면 풍뎅이들이 한꺼번에 날아들어 먹어 댔기 때문이었다. 그러다 보니 작은 풍뎅이들도 덩치가 조금씩 커지기 시작했다. 이 때문에 육풍들의 기세는 점점 더 위축되어 갔다.

어수선해진 상자 속을 보며 턱수염은 육풍 무리와 풍뎅이들을 분리해 두어야 할지 고민하는 듯했다.
"풍뎅이들을 분리해 놓으려면 상자를 따로 만들어야 하는데…. 귀찮군. 이 녀석들 한동안 이러다 말겠지."

그는 크게 기대하지 않았던 G240이 투전판에서 매번 놀랍도록 잘 싸워 주어서 기분이 많이 좋아져 있었다. G240이 투전의 대결에서 승리하는 날에는 평소보다 많은 젤리를 상자 속에 넣어 주곤 했다. 그래서 G240은 대장으로서의 권위는 다소 없었지만, 풍뎅이들 사이에서 그의 인기는 나날이 상승하고 있었다. 예전보다 젤리를 더 풍족하게 먹을 수 있게 된 풍뎅이들은 활력이 넘쳐났고 상자 속을 자유스럽게 돌아다니거나 날아다녔다.

이로 인해 예전보다 스트레스가 줄어든 탓인지 풍뎅이들 간의 마찰도 많이 줄어들었다. 육풍들 또한 이전에는 항상 경계하고 긴장하면서 지내야 했다면 이제는 긴장을 풀고 마음 편하게 다른 풍뎅이들과 어울리며 지내게 되었다.

그렇게 대부분 풍뎅이가 전보다 나은 생활을 할 수 있게 된 반면, H502는 다른 풍뎅이들의 눈을 피해 구석진 곳에서 몸을 숨기며 지내야 했다. Q355가 떠난 이후로 풍뎅이들의 사체는 더 이상 발견되지 않았다.

그래서 풍뎅이들을 잡아먹은 범인이 바로 Q355라고 믿는 풍뎅이들이 늘어갔다. 그렇게 믿는 풍뎅이들에 의해 H502는 괴물 Q355를 도와주었고 친구를 모함해 죽게 만들었다고 심한 괴롭힘을 받아야 했다.

그들은 H502가 눈에 띌 때마다 몰려가 그를 구타하곤 하였다. 그를 괴롭히는 일에 가장 앞장을 서는 풍뎅이가 바로 S222였다. 그는 노골적으로 H502를 비방하며 다녔다.

H502는 S222가 진짜 범인이라는 증거를 잡기 위해 그를 몰래 지켜보기도 했지만, Q355가 떠난 이후로는 S222가 풍뎅이를 잡아먹는 일은 한 번도 없었다. H502는 시간이 갈수록 몸과 마음이 지쳐가고 있었다. 젤리를 제대로 먹을 수 없었던 그는 남아 있을지 모를 젤리 찌꺼기를 찾아 다른 풍뎅이들 몰래 바닥을 뒤지며 생활해야 했다.

하지만 가장 힘든 일은 H502에게 친구가 되어 주는 풍뎅이가 한 마리도 없다는 것이었다. K308은 죽었고 그와 어울리던 친구들은 그를 비방하는데 앞장서고 있었다. 그나마 자신의 이야기를 들어 주던 G240마저 무슨 일인지 더는 그의 비밀공간에 나타나지 않았다.

H502는 시간이 지날수록 후회가 밀려왔다. Q355가 상자의 뚜껑을 열었던 그때가 탈출할 수 있는 절호의 기회였다는 생각이 들자 아쉬움이 컸다. 미리 마음의 준비를 하고 있었다면 그 기회를 놓치지 않았을 텐데 그냥 눈앞에서 멍하니 그 기회를 놓쳤다고 생각하니 자신이 너무 한심스러웠다. 그래도 어쩔 수 없는 일이었다.

Q355가 눈앞에서 뚜껑을 열고 창문 밖으로 날아가는 순간까지도 그는 선뜻 결정할 수가 없었다. 아마도 그건 상자 안에 남아 있는 대

부분 풍뎅이가 그랬을 것이다. 상자 밖의 세상은 생각만 해도 두려움 그 자체였기 때문이다.

그런데 말 한마디 건넬 수 있는 친구 하나 없이 풍뎅이들로부터 따돌림을 당하며 지내는 일이 얼마나 끔찍한 일인지 그때 알았더라면 그는 망설임 없이 그들을 따라나섰을 것이다. 하지만 그러지 못했다는 후회가 잠금장치가 달린 새로운 상자 뚜껑을 볼 때마다 심하게 몰려왔다.

하지만 상황과 달리 Q355 덕분에 H502의 마음에 많은 변화가 찾아왔다. 또 다른 기회가 왔을 때는 그 기회를 꼭 잡으리라는 굳은 결심이 생겼다. 열심히 단련하며 때를 기다리겠다고 굳게 마음을 먹게 된 것이다. 그의 곁에 아무도 없게 되고 가장 절망적인 상황이 되자 비로소 탈출하겠다는 굳은 결심이 생긴 것은 참 아이러니한 일이었다.

여름이 되었다. H502의 꿈에 그녀가 자주 나타나곤 하였다. 이 여름이 지나가면 영영 그녀를 만나지 못할 것이다. 이제 그에게는 그녀와의 약속을 지키는 것만이 그가 살아가는 유일한 이유가 되었다.

그날도 투전에 나갔던 G240이 승리하고 돌아왔다. 그 덕분에 돈을 많이 벌게 되었는지 술에 취한 턱수염은 매우 기분 좋은 얼굴로 많은 양의 젤리를 상자 안에 넣어 주었다. 풍뎅이들에겐 그야말로 축제의 날이 되었다.

모두 G240의 승리를 기뻐하며 배불리 젤리를 먹었고 밤이 늦도록 노래를 부르고 춤을 추며 놀았다. H502는 작은 돌무더기 뒤에 숨어 S222를 지켜보고 있었다. 모두 젤리를 먹느라 정신이 없는데 S222는 젤리를 먹는 척하며 다른 풍뎅이들을 살펴보고 있었다.

그는 그들 중 한 마리에게 유독 많은 관심을 보이고 있었다. 그 풍뎅이도 H502처럼 다른 풍뎅이들과 잘 어울리지 못하는 풍뎅이였다. 그 풍뎅이를 계속 힐끗거리며 관찰하고 있는 S222의 모습을 보며 H502는 강한 확신이 들었다.

'오늘 밤 S222는 분명 저 녀석을 노릴 거야.'

H502는 반드시 그 현장을 잡아야겠다는 생각을 하며 몰려오는 졸음을 참으며 기다렸다.

한참을 요란하게 떠들고 놀던 풍뎅이들이 하나둘 곯아떨어지고 이윽고 모두 잠이 들었을 때 숨어 있던 H502는 배를 바닥에 붙이고 조금씩 소리 없이 움직이기 시작했다.

'오늘 밤이야, 분명 그놈은 오늘 밤 움직일 거야.'

이렇게 생각하면서 H502는 최대한 조용히 기어가고 있는데 누군가 그의 앞을 막아섰다. H502는 흠칫 놀라 머리를 들어 보았다. 앞에 서 있는 풍뎅이는 다름 아닌 한동안 만날 수 없었던 G240이었다.

"G240!"

"H502, 지금 어딜 가고 있는 거야?"

"휴, 날 잡아먹으려고 덤벼드는 녀석일까 봐 심장이 다 졸아들었어."

그의 뜻밖의 등장에 H502가 가슴을 쓸었다.

"그렇게 움직여서 그 녀석의 뒤를 캘 수 있겠어?"

H502는 G240의 말에 깜짝 놀랐다. G240이 그의 생각을 미리 알고 있을 줄은 몰랐다.

"그러게…."

그는 어색한 웃음을 지어 보이며 자신을 바라보고 있는 G240의 눈길을 피했다.

"대책은 있는 거야?"

그의 질문에 그는 할 말이 없었다.

"글쎄, 소리라도 질러 봐야지."

H502는 그렇게 말하는 자신이 어이가 없어 헛웃음이 나왔다.

"다른 풍뎅이들에게 알리려고 소릴 질러봤자 그 녀석은 임기응변으로 또 빠져나갈 거야. 그렇게 되면 너만 또 억울하게 누명을 쓸 뿐이야."

"어떻게 그럴 수가 있지? 왜 모두 진실을 똑바로 보지 못하는 거야?"

"억울해 할 필요는 없어. 그렇게 보인다는 건 네가 다른 풍뎅이들에게 그렇게 보이는 행동을 무의식적으로 하기 때문일지도 몰라. 그 부분에 대해선 너도 깊이 생각해 볼 필요가 있어."

"충고는 고마운데… 기분은 썩 좋지 않다."

"그건 나에게도 해당하는 부분이니까 너무 기분 나빠하지는 마. 저마다 자신의 진심이 주변 풍뎅이들에게 그대로 받아들여지지 않는다고 생각하며 살아가고 있으니까. 그나저나 여기서 이러고 있다가 그 녀석을 놓치겠어. 이쪽으로 따라와."

그가 앞장을 서자 H502도 얼떨결에 그를 따라나섰다.

G240이 멈춘 곳은 S222가 노리고 있던 풍뎅이가 잠들어 있는 곳의 근처 돌무더기였다. 거기엔 이미 몇 마리의 다른 풍뎅이들도 와 있었다. 그들은 H502를 무척이나 싫어하는 녀석들이었다. 그들은 H502를 보자 얼굴을 찌푸렸다.

"대장! 이 녀석은 왜 데려온 거야?"

한 풍뎅이가 G240에게 투덜거렸다. G240은 그런 그에게 조용하라는 표정을 지었다. 그러자 투덜거리던 풍뎅이는 이내 입을 다물었다. 다른 풍뎅이들도 더는 뭐라고 하지 못하고 조용히 있었다.

그들이 돌무더기 뒤에 몸을 숨기고 한참을 기다렸건만 별다르게 움직이는 풍뎅이가 없었다. 결국, 기다리다 지친 풍뎅이들은 졸기 시작했다.

"뭐야? 대장! 오늘 그 녀석이 움직일 거라며?"

H502를 보며 투덜거렸던 풍뎅이가 G240에게 다시 투덜거리기 시작했다. G240은 이번에도 아랑곳하지 않고 조용하라는 손짓만 할 뿐이었다. H502도 지쳐가기는 마찬가지였다. 오늘 S222가 분명히 움직일 것으로 생각한 자신이 의심스러워지기 시작할 무렵, 어두운 구석에서 잠들어 있는 풍뎅이에게 가까이 다가가는 한 녀석이 있었다.

H502가 G240에게 그를 보라는 몸짓을 하자 G240은 졸고 있던 풍뎅이들을 깨웠다. 그들은 숨을 죽인 채 나타난 풍뎅이가 누구인지 지켜보았다. 창 밖 도심의 가로등 불빛이 희미해서 처음에는 쉽게 알아볼 수는 없었지만, 조심스럽게 잠들어 있는 풍뎅이에게로 다

가가 그의 다리를 물고 끌고 가려는 녀석은 예상했던, 바로 S222였다. 그가 끌고 가는 풍뎅이를 잡아먹기 전에 빨리 움직여야 했다. G240이 손짓하자 숨어 지켜보던 풍뎅이들이 한꺼번에 몰려나갔다.

"멈춰! S222!"

갑자기 나타난 그들을 보고 S222는 물고 있던 풍뎅이의 다리를 놓고 슬금슬금 뒤로 물러나기 시작했다. 자신의 정체가 들켰다는 것을 알아챈 S222는 황급히 몸을 돌려 도망가려고 했지만 결국 몰려간 풍뎅이들에 의해 붙잡히고 말았다.

"설마 했는데 저 녀석일 줄은 몰랐어."

"나도 그래, 오늘 밤에 풍뎅이들을 잡아먹는 범인이 나타날 거라고 대장이 말했을 때는 믿지 못했었는데, S222일 줄은 정말 몰랐어. 저 녀석 항상 우리한테 살갑게 굴었는데 어떻게 이럴 수가 있지?"

"그런데 대장 너는 왜 S222가 범인이라는 것을 우리한테 미리 알려주지 않은 거야?"

계속 투덜거리던 풍뎅이가 G240에게 물었다.

"너희에게 미안한 일이지만 우리가 오늘 움직일 거라는 것을 저 녀석이 눈치챌지 몰라서 아무 말도 하지 않은 거야.

"그런데 이제 저 S222를 어떻게 할 생각이야?"

다른 풍뎅이가 물었다.

"아침에 모든 풍뎅이에게 알려야지."

풍뎅이들은 그의 말에 모두 머리를 끄덕였다. 그들은 나뭇가지로 만든 울 안에 S222를 가두었다. 그리고 늦은 밤까지 잠을 자지 못했던 그들은 하품을 하며 각자의 자리로 돌아갔다.

H502와 G240도 많이 피곤했지만, 그동안 나누지 못했던 이야기를 나누기로 했다. 그들은 오랜만에 G240의 비밀공간으로 갔다. 그리고 돌무더기 언덕에 올라가 전처럼 창문 밖을 바라보며 나란히 앉았다.

"너 혼자서도 S222를 충분히 잡을 수 있었을 텐데 왜 다른 녀석들과 함께 온 거야?"

H502가 G240에게 물었다.

"오늘 분명히 S222가 본 모습을 드러낼 거라는 예감이 들었어. 자신의 정체를 숨기기 위해 그동안 풍뎅이 사냥을 자제해 왔지만, 오늘 같은 날은 풍뎅이들을 사냥하기에 좋은 날이라고 녀석은 생각했을 거야. 그래서 오늘 그 녀석의 범행 현장을 꼭 잡고야 말겠다고 생각을 했어. 그런데 잘못 했다간 S222의 잔꾀에 또 넘어갈 수 있을 것 같아서 확실히 해두고 싶었어. 그래서 가장 말이 많은 녀석들을 설득해서 데려온 거야. 그렇지 않으면 계속 확인되지 않은 말들 때문에 억울하게 오해받는 풍뎅이들만 늘어날 거야. K308, Q355 그리고 너처럼 말이야."

"너도 S222가 범인이라는 것을 알고 있었구나. 난 Q355가 말해주어서 비로소 알게 되었어."

G240은 그의 말에 머리를 끄덕였다.

"K308이 모함을 받을 때 그 녀석이 결코 그런 일을 벌일 녀석이 아니라고 생각해서 몰래 조사를 하기 시작했어. 그때 S222의 행동이 매우 수상쩍다는 것을 알게 되었지. 그런데다 그 녀석이 유독 지켜보던 풍뎅이들이 우연하게도 사체로 발견되었어. 그 일로 그 녀석이 범인이라는 심증이 생긴 거야. 하지만 현장을 잡기엔 녀석이 워낙 빨라서 늘 허탕을 치고 말았어. 그런데 밤에 몰래 돌아다니던 Q355가 S222를 보고 나를 찾아왔었어. 자신은 이곳을 떠나려고 하는데, 그전에 자신을 범인으로 생각하는 풍뎅이들로부터 공격받을지도 모르니 자신을 지켜 달라고 하더군."

"그런 일이 있었구나. 그런데 너는 Q355를 이전에도 만났던 거야?"

"응, 그 녀석 때문에 다른 풍뎅이들이 굶고 있는 것을 계속 보고만 있을 수 없었어. 제대로 먹지 못하니 다들 예민해져서 서로 싸우는 일도 많아지니까 바로 잡아야 한다는 생각을 했지. 하루는 그의 곁에 아무도 없다는 것을 알고 찾아갔어. 일어나지 않으면 가만두지 않겠다고 그 녀석에게 몇 번 협박했더니 눈을 뜨고 일어나 앉더군. 그리고 한다는 말이 자신은 곧 상자 밖으로 나갈 거니까 조금만 기다려 달라고 부탁을 했어. 그렇게 마구 먹어 대는 것은 아직 성충이 되지 못해서 그러니 조금만 이해해달라고 하면서 말이야. 그래서 나는 조금만 더 기다려 주기로 하였지. 만약 다른 풍뎅이들이 먹을 젤리를 혼자서 계속 먹어치운다면 내가 가만 놔두지 않겠다고도 말해 두면서."

"그가 떠날 거라는 이야기는 나도 들었어. 그때는 그럴 수 있을 거라고 믿지 못했는데 정말 이곳을 탈출할 줄은 몰랐어. 그것도 그렇게 빨리 말이야."

H502는 Q355가 떠나던 날을 떠올리며 말했다.

"나도 뜻밖이었어. 아마 Q355도 그럴 계획은 아니었을 거야. 갑자기 풍뎅이들이 몰려오니까 급작스럽게 떠났던 것 같아."

"그런데 아무리 힘이 센 녀석이라고는 하지만 저 뚜껑이 그 한 녀석에 의해서 그렇게 쉽게 열릴 거라곤 정말 상상도 못했던 일이야."

H502는 교체된 새로운 뚜껑을 바라보며 말했다.

"그건 나도 마찬가지야. 우리가 마음을 먹었다면 언제든지 쉽게 저 뚜껑을 열고 나갈 수 있었을 거야. 그런데 우린 생각조차 해 보지 않았어. 여기서 나갈 기회를 늘 가까이에 두고도 우린 방법이 전혀 없다고 믿었으니까."

G240이 다소 침울하게 말했다.

"하지만 넌 나에게 저 뚜껑을 다 같이 밀면 열 수 있을지도 모른다고 했었잖아."

H502는 G240이 했던 말을 떠올리며 말했다.

그러자 G240이 머리를 끄덕이며 말했다.

"맞아. 나는 우리가 다 같이 힘을 모아 뚜껑을 열면 열 수 있을 거란 생각은 했어. 그래서 먼저 힘을 키워 대장이 되고 나면 풍뎅이들의 마음을 하나로 모을 수 있을 거라고 나름의 전략을 세웠던 건데…. 하지만 계획했던 방식으로 대장이 된 것도 아니고 대장이 되고 나서도 육풍들의 말에 따라야 하는 허수아비 대장일 뿐이었지. 그러다 보니 내 뜻대로 할 수 있는 일이 아무것도 없었어. 그때 신을 참 많이도 원망했었지. 왜 꿈을 갖게 해서 이런 시련을 주시는지 모르겠다고 하면서 말이야. 그러면서 계속 나의 꿈을 향해 살아가야 하나 회의감이 들기 시작했어. 네가 어떤 것으로도 맘을 정하지 못해서 방황했던 것처럼 나에게도 방황이 시작되었던 거야."

H502는 그동안 G240이 그런 방황을 하고 있었을 줄은 몰랐다. 늘 담대해 보이던 녀석에게 이런 깊은 고민이 있을 줄은 미처 생각해 보지 못했다.

"지금은 괜찮아 보여. 이제 방황이 끝난 거야?"

G240은 투전에 나가서 늘 승리하였고 풍뎅이들과도 잘 지내고 있었다. 하지만 뜻밖에도 그는 머리를 저었다.

"솔직하게 말하면 지금 나의 상태는 최악이야."

멀리서 바라본 그는 부러울 정도로 잘 지내고 있는 것처럼 보였는데 최악이라는 말에 H502는 무척 놀랐다.

"혹시 투전에 나가는 일 때문이야? 그래도 넌 늘 이기고 돌아오잖아."

"투전에 나가는 것도 사실 엄청난 스트레스야. 다른 풍뎅이들 앞에서는 아무렇지도 않은 척 행동하지만, 매번 두렵고 무서워. 하지만 지금 그건 큰 문제가 아니야."

G240은 깊은 한숨을 쉬며 창문 밖을 바라보았다. 그의 모습을 보니 예전 자신의 모습을 보는 것 같아 안타까운 마음이 들었다.

"전에도 너에게 말했듯이 이 세상에 한번 태어난 이상 난 여기, 이 상자 안에서 인생을 끝내고 싶지 않았어. 어차피 태어났다면 많은 경험도 해보고 세상의 다양한 모습도 보고 싶었지. 그래서 상자 밖으로 나가려고 열심히 준비했던 건데…. 그런데 Q355가 아무런 노력도 없이 그렇게 쉽게 여기서 나가는 걸 보고 갑자기 모든 게 허탈해지더군. 나의 모든 노력이 모욕당하는 느낌이었어. 그를 보며 노력하고는 상관이 없이 모든 존재의 운명은 그냥 정해져 있을지도 모른다는 생각이 들었어. 우리의 의지로 이 상자 속에 들어오지 않았던 것처럼, K308이 여기서 적응해서 잘 살려고 했지만, 그의 뜻대로 되지 않았던 것처럼 모든 게 노력하고는 상관없는 일이라는 생각이 들었어. 어차피 정해진 운명이 있는 건데 노력해봤자 소용없다는 생각이 들면서 모든 게 허무해지더군. 그래서 이곳에 와서 단련하는 일도 그만두게 되었던 거야."

G240이 그동안 비밀공간에 나타나지 않았던 이유는 바로 그 때문이었다.

"그런 상태에서 투전에 나갔던 거야? 그런데도 매번 상대를 이길 수 있었다니 정말 대단한 것 같다. 너라는 녀석은."

H502의 감탄에 G240은 머리를 저었다.

"아니야. 요즘 난 매우 불안한 상태야. 언제 무너질지 몰라. 그걸 알면서도 좀처럼 힘이 나지 않는 게 더 큰 문제야."

"다른 풍뎅이들은 네가 이런 상태라곤 생각도 못 하고 있을 거야. 모두 지금 너의 모습을 많이 좋아해. 너를 영웅이라고 생각하는 녀석들도 많아."

"지금 난 그것도 무척 곤혹스러워. 내가 별 볼 일 없는 풍뎅이일 땐 아무도 나의 친구가 되어 주려고 하지 않다가 내가 그들에게 이익이 되니까 나를 좋아한다는 게 썩 기분 좋은 일은 아니야. 그런 풍뎅이들은 언제고 내가 나약해져 투전에서 패해서 돌아오고 그것 때문에 턱수염이 젤리를 적게 넣어주기라도 한다면 금방 등을 돌릴 거야. 그리고 어떤 풍뎅이들보다 더 나를 비방할지도 몰라. 그래서 난 나를 좋아한다고 말하는 녀석들의 눈을 똑바로 볼 수가 없어. 나를 진심으로 생각해주는 친구들이 아니라는 생각에 녀석들에게 마음의 문을 열지 못하겠어.”

G240의 말에 H502는 가슴이 뜨끔했다. K308이 죽었을 때 G240이 말하던 것들이 모두 허황한 것이라고 그를 많이 비난했었다. 그리고 더는 그를 찾아가지도 않았다. 그런데도 그는 H502가 다른 풍뎅이들의 공격을 받을 때 그를 끝까지 지켜주려고 했었다. 그런 그에게 H502는 내심 미안한 감정이 들었다.

“G240, 힘을 내. 네가 그동안 꿈을 위해 오랫동안 단련해왔기 때문에 지금 투전에 나가서도 잘 싸울 수 있는 거야. 네 덕분에 많은 풍뎅이가 배부르게 먹을 수도 있게 되었어. 그런 너를 친구로 진심으로 생각하는 녀석들이 분명 있을 거야. 그리고 네가 친구들을 위했던 마음을 언젠가는 진정으로 이해하게 되는 때가 반드시 올 거야.”

H502가 하는 말은 모두 그의 마음에서 우러나오는 말이었다. 그는 G240에게 이젠 변하지 않는 친구가 되고 싶다고 마음속으로 말했다.

G240이 H502의 말을 듣고서 피식 웃었다.

"너는 방황을 완전히 끝낸 것 같구나. 그동안 다른 녀석들이 괴롭혀서 많이 힘들었을 텐데도 말이야. 나도 너처럼 방황을 어서 끝내야 할 텐데…. 무기력해져서 아주 미칠 지경이야."

그는 한숨을 길게 쉬며 말했다.

"아마도 넌 그동안 누구보다도 열심히 해왔으니까 지금 겪는 방황이 더 힘들고 오래갈지도 몰라. 나는 방황이 길었다기보다 우유부단했던 거지. 그런데 이상하게도 완전히 외톨이가 되니까 그제야 나의 길이 보이고 꼭 해야겠다는 의지가 생기더군. 예전엔 너에게 두렵다고 맨날 징징거렸는데 말이야."

H502의 말에 G240이 웃음을 터뜨렸다. H502도 웃어 보이고는 계속 말을 이어 나갔다.

"나도 운명이 정해져 있는지 아닌지는 아직 확신이 없지만, Q355가 노력하지 않은 건 아니야. 그건 우리가 그 녀석이 잠자고 있는 모습만 봐서 그렇게 쉽게 말하는 건지도 몰라. 그 녀석도 나름 온갖 노력을 했을 거야. 그리고 난 그 녀석이 잠을 자는 척하면서도 계속 턱수염의 행동을 주의 깊게 보고 있었다고 생각해. Q355가 여기서 나가던 날 분명 까마귀가 말하는 것을 보았어."

"까마귀가 말하는 것을 보았다고?"

G240이 의아한 표정으로 물었다.

"응, 들었다고 할 순 없어. 보았으니까. 넌 까마귀가 말하는 것을 보지 못했니?"

H502가 묻자 G240은 머리를 저었다.

"그렇구나, 다른 풍뎅이들에게도 묻고 싶었는데 나에게 정신 나간 놈이라고 할까 봐 아무 말도 못 했어. 역시 너도 그 까마귀가 말하는 것을 본 적이 없구나."

"글쎄 난 한 번도 까마귀가 말하는 것을 들은 적도 본 적도 없어서 어떤 것인지 잘 모르겠다."

"그렇다면 오해하지 말고 들어줘. 나도 그때까지 내가 망상을 한 거로 생각했어. 그런데 그날 분명 까마귀가 이렇게 말했어. '저 뚜껑이 제대로 닫히지 않았는데.' 이렇게 말하는 걸 난 똑똑히 보았어."

H502는 자신이 거짓말을 하는 것이 아니라는 것을 보여주고 싶어서 두 눈에 힘을 주며 말했다.

"그렇다면 Q355는 턱수염을 관찰하고 있다가 그날 그가 뚜껑을 제대로 닫지 않은 것을 알고 탈출을 앞당겨 감행했을 수도 있다는 말이 되는 거군."

G240은 머리를 한 대 맞은 표정을 지었다.

"정확하게 확인할 수는 없었지만, 까마귀가 그렇게 말하는 것 같아 바로 그곳을 쳐다보았는데 정말 제대로 닫히지 않은 것처럼 보였어. 그렇지만 '설마' 하면서 금방 잊었는데 Q355가 그곳으로 나가는 걸 보고 많이 놀랐지. 그때 나는 예전에 네가 나에게 해준 말이 떠올랐어. 증표라고 했던 말 기억해?"

"증표? 그걸 아직도 기억하고 있구나…. 난 그때 너에게 그렇게 말한 걸 후회하고 있어. K308이 그랬던 것처럼 네가 나를 이상하게 생각할 거라곤 생각하지도 않고 너라면 그걸 이해해 줄 수 있을 거라 여기고 그냥 말했던 거야. 그리고 나도 이젠 그런 것은 믿지 않아."

"솔직하게 말하면 네가 나에게 그 말을 해줄 땐 무슨 말을 하는 건지 잘 와 닿지 않았어. 그런데 요즘에 와서 나는 그걸 조금씩 믿게 되었어. 아니 그걸 믿게 되었다기보다 이 세상은 우리가 상상조차 할 수 없는 신비로운 일들로 가득하고 알지 못하는 힘 같은 것이 존재한다는 것을 조금은 느낄 수 있었어. 언제부터인가 나도 모르게 증표를 보여 달라고 신에게 기도하고 있었던 모양이야. 그리고 그날 내가 보는 까마귀의 말이 망상이 아니라 그게 어쩌면 증표일지도 모른다는 생각을 하게 된 거야.

그래서 네가 예전에 나에게 말했던 것처럼, 우리 속에 있는 힘을 알아내고 끄집어내는 것도 노력만큼이나 중요한 것이 아닐까?"

"뜻밖인데? 내가 너에게 해주었던 말을 내가 이렇게 이 자리에서 다시 듣게 되니 기분이 이상해진다. 최근 너무 우울해진 탓에 기도를 하지 않았었는데 어젯밤에는 왠지 기도가 하고 싶더군. 제발 나에게 답을 달라고 열심히 기도했었는데 지금 너에게서 이런 말을 들을 줄이야… 정말 이상하다."

"이것도 증표인가?"

H502가 웃으며 말했다. 그러자 G240도 미소를 지어 보였다.

"너에게 증표가 되기 위해 지금 이렇게 말하게 된 것인지도 모르겠지만 네가 너의 마음을 나에게 진실 되게 보여주었던 것처럼 나도 너에게 진심을 다하는 친구가 되고 싶다. 그러니까 조금이라도 힘을 내었으면 좋겠어."

이 말에 G240이 피식 웃으며 자신의 어깨로 그의 어깨를 쳤다.

"고맙다. 덕분에 조금이 아니라 아주 많이 힘이 날 것 같다."

그들은 서로 마주 보며 미소를 지어 보이곤 창문 밖 하늘을 함께 쳐다보았다. 어느 사이 하늘에 어둠이 걷히면서 새파란 하늘이 열리고 있었다. H502는 하늘을 보고 있는 G240의 옆모습을 바라보며 속으로 중얼거렸다.

'너를 진정으로 이해해주고 좋아하게 되는 풍뎅이들이 늘어날 거야. 나도 처음엔 너의 말이 황당해서 너를 멀리하였지만, 나중에 그것이 나에게 얼마나 큰 영향을 주게 되었는지 넌 모를 거야. 그리고 상황이 별로 좋지 않음에도 너는 오해를 받고 있는 나를 위해 S222를 잡으러 와주었어. 넌 진정 좋은 녀석이야. 혹여 이 상자 속에 있는 모든 풍뎅이가 너를 싫어하는 일이 생긴다 하더라도 나는 너라는 녀석을 끝까지 믿을 거야. 그리고 언제까지나 너를 응원할 거야.'

H502는 새벽 하늘을 쳐다보며 그 다짐을 바꾸지 않겠다고 굳게 마음먹었다.

H 5 0 2   S T O R Y

10
성장의 시간
혼자만의 시간

믿음은 오로지 사람들이 믿기 때문에 존재한다. 기적이, 설명할 수 없음에도
그것을 믿는 사람들에게 일어나는 것처럼.

파울로 코엘료의 「브리다」 중에서

온통 희뿌연 안갯속에서 H502는 나무 위에 서 있었다. 쌀쌀한 바람이 불어오고 있다. 그가 오른쪽을 바라보니 나뭇가지 끝에 그녀가 서 있다.

"거기에 서 있지 마! 다시 바람이 불고 있어, 거기에 서 있다간 떨어진다고."

그는 지난 꿈에서 그녀가 낭떠러지 아래로 떨어진 것을 기억해 내고 그녀에게 소리쳤지만, 그녀는 점점 더 나뭇가지 끝으로 물러서고 있었다.

"안 돼. 멈춰! 거기서 멈추라고."

아무 말 없이 쳐다보던 그녀가 입을 열었다.

"나를 찾아온다고 했었잖아."

그녀가 그에게 원망하듯 말했다.

"꼭 가, 지금까진 솔직히 두려워서 그랬어. 하지만 이젠 많이 달라졌어. 그러니까 조금만 기다려줘! 꼭 너에게로 갈 거야."

그의 말에 그녀는 안심하며 환한 미소를 지어 보였다.

H502도 안도의 숨을 쉬고 있는데 왼편에서 누군가 그를 불렀다.

"H502!"

낯익은 목소리였다.

'이건 G240의 목소리인데….'

그가 고개를 돌려 보니 왼쪽 나뭇가지 끝에 G240이 서 있었다. 그는 여기저기 상처투성이였다. 그는 금방이라도 나무 끝에서 떨어질 것처럼 아슬아슬하게 서 있었다.

"G240! 왜 그래? 왜 그렇게 다쳤어? 거기 서 있지 말고 이쪽으로 와! 거긴 위험해!"

H502가 황급히 그에게 소리쳤다.

"네가 여기로 좀 와줘! 너무 힘들어서 한 발자국도 걸을 힘이 없어. 여기로 와서 나를 좀 데려가 줘!"

그때 바람이 세차게 불어왔다. H502는 지난 꿈에서처럼 그녀가 나뭇가지에서 떨어지는 건 아닌지 오른쪽을 돌아보았다.

그런데 그녀가 바람에 떨어지지 않으려고 간신히 나뭇가지에 매달려 있었다.

"도와줘! 곧 떨어질 것 같아!"

그녀가 그에게 소리쳤다. H502가 급하게 그녀에게로 다가가려는데 이번에는 왼쪽 가지 끝에 선 G240이 그에게 외쳤다.

"H502! 나 좀 도와줘! 제발!"

'맙소사, 한꺼번에 둘 다 구할 수는 없어. 오, 신이시여 제발, 제가 어떻게 해야 합니까?'

그는 어찌할 바를 몰라서 신에게 기도하기 시작했다. 그러자 그에게 들려오는 소리가 있었다.

"믿어라! 너 자신을 믿어라!"

"믿으라니요? 어떻게 저 자신을 믿으라는 말입니까?"

그는 상황이 너무 끔찍해서 주저앉아 울부짖기 시작했다.

"신이시여, 저는 이렇게 가혹한 일을 견딜 자신이 없습니다. 그러니 당신이 도와주십시오. 제발!"

그렇게 울부짖던 H502가 눈을 떠 보니 벌써 아침 햇살이 상자 속을 비추고 있었다. 자리에서 일어나 앉으며 그는 생각했다.

'무슨 꿈이 이렇지? 너무 기분 나쁜 꿈이야….'

왜 하필 꿈속에서 그녀와 G240이 함께 보였는지 알 수가 없었다. 그런데다 생각만 해도 너무 오싹한 꿈이었다. 도대체 왜 이런 꿈을 꾸게 된 건지 알 수가 없었다. H502는 잠시 생각해 보다가 그저 쓸데없는 꿈이라며 머릿속에서 털어내었다. 그는 벌떡 일어나서 몸을 움직여 보았다.

요즘 그는 G240의 비밀공간에서 열심히 단련하는 중이었다. 처음 단련을 시작할 때는 이렇게 해서 뭐가 달라질까 라는 생각을 했었는데 하루가 이틀이 되고 이틀이 삼일이 되자 몸에 큰 변화가 오기 시작했다. 이전에는 별로 먹지 못하고 힘이 없었던 탓인지 몸이 늘 무겁기만 했다.

그런데 단련을 시작하면서부터 몸이 아주 가뿐해지는 것을 느낄 수 있었다. 무엇보다 순간순간의 시간을 허투루 보내고 있지 않다는 생각에 늘 갖고 있던 불안감도 훨씬 줄어들게 되었다. 자신을 약한 풍뎅이라고 생각해왔던 그는 단련으로 점점 강해지고 있다는 느낌이 들어 좋았다. 진작 시작하지 않은 것이 오히려 후회가 될 정도로 단련하는 일은 그에게서 즐거운 일이 되어갔다.

특히 G240으로부터 그의 대결기술을 배우게 된 것도 즐거운 일 중의 하나였다. G240은 투전을 통해 단련된 기술들이 많았다. G240도 그에게 대결 기술을 가르쳐주는 일을 매우 즐거워했다.

S222가 풍뎅이들을 잡아먹는 육식 풍뎅이라는 것이 밝혀지고 K308을 모함한 풍뎅이도 바로 S222였다는 것이 알려지자 H502에게 많은 변화가 찾아왔다.

풍뎅이들은 H502를 더 이상 따돌리지 않았다. 그리고 H502에게도 친구들이 하나둘씩 다시 생겨나기 시작했다. 늘 우울해 보였던 그가 명랑하고 활발하게 된 탓인지 굳이 애쓰지 않아도 풍뎅이들은 그와 어울리는 것을 점점 좋아하기 시작했다.

마음을 열고 진심을 터놓는 친구들이 생겨나면서 몰랐던 사실도 많이 알게 되었다. 풍뎅이 중 H502와 같은 고민을 하는 녀석들이 의외로 많다는 사실도 그중 하나였다. 그들도 상자 밖을 나가 숲으로 가길 갈망하고 있었다.

그리고 Q355의 탈출로 인해 그들도 역시 자극을 많이 받았다고 했다. 기회가 다시 생긴다면 다 같이 상자를 나가서 함께 숲으로 가자고 결의를 하게 되었다.

G240이 중심이 되어 함께 단련하는 풍뎅이들도 늘어났다. H502는 혼자일 때보다 여럿이 모여 단련하는 것이 더 많은 에너지가 모이게 되고 더 열정적으로 된다는 것을 알게 되었다. 각각의 풍뎅이들이 놀라운 장점들이 있다는 것도 알게 되었고, 그들의 장점들을 배우면서 H502는 점점 더 크게 성장해갔다.

다시 풍뎅이 방으로 출입하게 된 세바스찬은 풍뎅이들이 단련하는 모습을 번뜩이는 검은 눈으로 노려보곤 했다.

"너희 여기서 빠져나오기만 해봐라. 바로 내가 먹어 줄 테다."
까마귀가 이렇게 말하는 것처럼 보였지만 H502는 이제 그가 두렵지 않았다. 친구들이 옆에 있다는 것만으로도 두려움이 많이 사라졌다. 앞으로 어떤 일이 닥쳐도 두렵지 않을 것 같다는 기분마저 들었다.

그런 기분이 들게 되자 Q355를 따르던 풍뎅이들이 어떻게 그렇게 두려움 없이 그를 따라나섰는지 조금은 이해할 수 있게 되었다. 그들에겐 Q355에 대한 강한 믿음이 있었을 뿐만 아니라 함께 하는 친구들이 있었기 때문에 두려움을 느낄 수 없었던 것이다.

단련을 끝내고 G240과 H502는 그들의 돌무더기 언덕 위에 앉아 있었다. G240은 기분이 이상하다며 피식 웃었다.

"뭐가 이상하다는 거야?"

H502가 물었다.

"예전에 생각했던 것들이 지금 이루어지고 있는 것 같아서."

"예전에 생각했던 거라고?"

H502는 기억을 더듬어 보았다.

"아! 생각났다. 네가 풍뎅이들과 다 함께 상자 밖으로 나가려고 대장이 되려 했다는 그거 말이야?"

"응. 한동안 헛된 꿈인 것 같아서 잊어버리고 있었는데 오늘 다 같이 단련하고 있을 때 갑자기 그 생각이 떠올랐어. 기분이 묘했어. 내가 예전에 꿈꾸었던 것이 나의 눈앞에서 현실로 보이고 있다는 게 믿어지지가 않을 정도였어."

"그건 기분 좋은 일 아니야?"

H502가 의아해져서 물었다.

"그래, 분명 기분이 좋아야 하는데 이상하게도 그렇지가 않아. 전에 말했던 것처럼 Q355가 떠난 이후부터 혼란스러워진 마음이 아직도 여전해. 그런데다 더는 꿈꾸지 않기로 마음을 먹었는데 그 이후에 일어나는 일들은 이전 내가 꿈꾸고 있던 것들이어서… 마음이 아주 혼란스러워."

G240은 아직도 마음속 슬럼프를 다 극복하지 못한 듯했다.

"노력과 상관없이 운명이 정해져 있는 것인지 나도 확신 있게 말할 수는 없지만 내가 너를 보았을 때 지금의 상황은 네 노력도 한몫했다고 생각해. 네가 현재 비록 꿈꾸던 것들을 마음속에서 지워버렸다고 하더라도 처음에 네가 그 꿈을 꾸면서 노력했던 행동들 덕에 너의 인생의 흐름이 이미 방향을 잡았던 건 아닐까? 그래서 처음 너의 행동들이 씨앗이 되어 그 뒤에 따라올 결과들이 지금 현재 너의 의지와는 상관없이 현실로 나타나고 있는지도 몰라.

그래서 우리는 생각하고 행동할 때 사소한 것일지라도 신중해야겠다는 생각이 들어. 지금의 사소한 행동들이 나중에 인생을 크게 바꿔놓는 씨앗이 될 수도 있다는 것을 나는 너를 보고 많이 느꼈어. 그리고 현재 우리가 어떤 꿈을 갖고 어떻게 행동하느냐에 따라 우리의 미래가 또 달라질 거야. 그래서 꿈을 꾸고 노력하는 것에 이제는 두려워하지 않았으면 좋겠다. Q355에게는 Q355의 인생이 있는 거고 넌 너의 인생을 사는 거야. 그 녀석과 너를 비교할 필요는 없는 것 같아. 넌 Q355가 갖고 있지 않은 뛰어난 능력이 있잖아."

"나에게 뛰어난 능력이 있다고? 난 아무리 봐도 모르겠는데."

G240은 자신의 몸을 훑어보며 말했다.

"너 농담하고 있는 거 아니겠지? 모두 너를 얼마나 부러워하고 닮고 싶어하는데 그런 소리를 하다니. 내가 너에게서 가장 부러워하는 점은 언제나 너는 너의 한계를 극복해 낸다는 거야. 그 능력이 내게도 있었으면 정말 좋겠다."

"H502, 너 예전이랑 정말 많이 달라졌어."

"요즘 대장인 너와 다른 녀석들과도 잘 지내게 되어서 그렇게 보일 거야."

"아니, 그 이전부터 넌 많이 달라져 있었어. 생각이 깊어지고 어른스러워졌다고 해야 하나?"

"그렇게 보이는 건 아마도 혼자 보낸 시간이 많아서 그럴지 몰라. 혼자 있게 되면 평소에 생각해보지 않던 것들도 생각해 보게 되잖아. 너도 혼자만의 시간을 견뎠기 때문에 잘 알 거야. 그때는 시간을 쓸데없이 방황하며 보내는 것 같아 싫었는데 지나고 보니 너의 말처럼 그것도 아주 중요한 성장의 시간이었어."

G240이 그의 말에 수긍하듯 머리를 끄덕였다.

"나에게 있어서 성장의 시간은 H502, 너와 이야기를 나누는 시간이야. 예전엔 내 생각을 주로 너에게 해주는 편이었는데 지금은 네가 나에게 해주고 있어. 그런데 그게 큰 힘이 돼. 저 바깥세상에 대해 나도 잘 알지 못하면서 풍뎅이들과 탈출을 위한 단련을 하고 있다는 것이 그들을 속이는 것 같아 솔직히 많이 힘들었어."

G240은 그동안 하지 못했던 말을 털어놓았다.

"G240, 넌 여태까지 우리에게 많은 것을 보여주었어. 다른 풍뎅이들보다 더 왜소했던 네가 육풍들과 대결했을 때부터 이미 넌 우리에게 많은 희망을 보여 주었어. 그러니 앞으론 그렇게 생각하지 않았으면 좋겠다."

H502가 그의 어깨를 치며 말했다.

"그러고 보니 우리는 모두 서로에게 배울 점이 있는 것 같다. 너도, 예전에 K308도 Q355도 그리고 다른 풍뎅이들도…."

"그런가? 그렇게 말하니까 하나 더, 나는 가끔 우리를 노려보고 있는 저 까마귀에게서도 배우는 점이 있어. 저 녀석이 참 많은 걸 나에게 말해 주는 것 같거든. 상자 안에 있는 우리가 스스로에 대해 미처 알지 못하는 걸 밖에서 바라보고 있는 까마귀는 알고 있다는 생각이 들어."

"까마귀가 주로 어떤 말을 해?"

"그 녀석은 저 밖에 숲이 있는데도 우리가 이 상자 속에서 이렇게 지낸다고 비웃곤 해. 그래서 그 녀석 덕분에 숲으로 갈 마음이 더 생겨나곤 하지."

"그렇게 말한다면 나에게도 많은 걸 느끼게 해 준 녀석이 하나 있어."

"누구?"

"S222!"

"뭐! 그 육식풍뎅이?"

S222는 풍뎅이들에 의해 잡힌 그 다음 날 까마귀의 밥이 되었다.

"그래, 우리 마음에도 S222와 같이 알게 모르게 다가와 달콤한 말로 속삭여서 우리가 이성적으로 생각하지 못하게 하는 어떤 소리가 있는 것 같아. 그런 속삭임의 소리를 처음부터 솎아내지 않으면 나중에 온통 그런 소리로 머릿속이 가득 차서 이성이 마비되어 결국 자신을 위험에 빠지게 할 수도 있겠다는 생각이 들었어. 그래서 그 녀석 같은 존재가 나의 마음에도 있는지 늘 살펴보아야겠다는 생각을 해."

"휴, 그 녀석 정말이지 끔찍했어. 우리 모두를 감쪽같이 속여서 이상하게 몰고 간 것은 지금 생각해도 놀라울 정도야. 나도 그 녀석 같은 존재가 나의 머릿속에서 속삭일 땐 단번에 없애버려야겠어."

H502는 머릿속에서 무언가를 뽑아내는 시늉을 했다. G240도 그를 따라 해 보았다. 그리고 그들은 서로 마주 보며 크게 웃었다.

한참을 웃고 나서 G240이 다짐하듯 말을 꺼냈다.

"나, 결심했어. 이제 다시 나의 꿈을 꾸어 볼래. 내가 계속 꿈을 꾸며 나아가는 미래가 어떤 모습으로 펼쳐질지 그것이 너무나도 궁금해졌어. 그래서 전처럼 지금 내가 할 수 있는 일에 집중하고 노력해 보려고 해."

H502는 G240이 자신처럼 방황을 중단하고 슬럼프를 극복하고 있는 것 같아 마음이 놓였다. 그리고 서로 응원할 수 있다는 것에 행복감마저 들었다. 그는 창문 밖을 바라보며 환한 미소를 지었다.

H 5 0 2 　 S T O R Y

11

생의 빛깔들
위기에 처한 G240

목표보다 더 중요한 것은 의미다.

리처드 와이즈먼

"**와!** 굉장해!"

풍뎅이들이 환호성을 질렀다. 그들은 대결을 벌이는 중이었다. 하지만 이전처럼 대장을 뽑기 위한 대결은 아니었다. 그동안 그들이 단련을 통해 얼마만큼 강해졌는지를 알아보기 위한 대결이었다. 상자 속 풍뎅이들은 이제 육풍이 되거나 대장이 되는 것에는 관심이 없었다. 서로 힘을 모아 상자 밖을 나가 숲으로 가는 것이 그들에게는 더 중요한 일이 되었다.

이날 대결에서 멋지게 싸워 승리한 풍뎅이는 다름 아닌 H502였다. 그는 날이 갈수록 싸우는 기술도 좋아졌고 힘도 강해졌다. 한때는 따돌림을 당하고 별 볼 일 없었던 그가 풍뎅이들 사이에서 새로운 스타가 되었다. 풍뎅이들이 모이는 자리에는 어김없이 H502에 관한 이야기가 빠지지 않았다.

"H502가 날아올랐다가 뒤로 한 바퀴 도는 것 봤어?"

"응, 나도 보았어. 정말 멋졌어. 어떻게 그렇게 할 수 있지?"

"이제는 H502가 최고야. 아마 대장과 겨루어도 H502가 이길 것 같아."

모두 그에 대한 찬사를 아끼지 않았다. 하지만 H502는 인기라는 것이 한때라는 것을 잘 알고 있었다. 그래서 그들의 칭찬에 우쭐해하지 않고 담담하게 행동하려고 노력했다. 우쭐해지는 순간부터 자신을 과신하게 되고 더 많은 인기를 얻으려는 집착이 생기고 종국에는 중요한 목표를 잊은 채 쓸데없는 일을 벌일 수 있기 때문이었다.

G240은 비밀 공간에서 함께 단련하면서 경계해야 할 것들에 대해 알려주었다. 그중 가장 경계해야 할 것이 다른 풍뎅이들의 칭찬에 우쭐해지는 일이라고 했다. 만약 그가 그런 것들을 미리 알려 주지 않았다면 풍뎅이들의 과도한 칭찬에 H502는 자신이 최고인 줄 알고 G240을 견제하려 했거나 다른 풍뎅이들에게 거만하게 행동했을지도 모른다.

하지만 중요한 것은 풍뎅이들이 보내는 환호가 아니라 목표를 이루기 위해 집중하는 것이라고 상기시켜 주는 G240 덕분에 H502는 초심을 잃지 않고 계속 자신의 목표에만 집중할 수 있었다.

G240은 계속해서 투전에서 승리하고 돌아왔다. 기분이 무척 좋아진 턱수염은 상자 안에 더욱 많은 젤리를 넣어주곤 했다. 풍뎅이들은 젤리를 많이 먹을 수 있게 되어 행복해 했지만, 상자 밖으로 나가는 꿈을 포기하지 않았다. 그들은 단련뿐만 아니라 모여서 상자 밖으로 나갈 방법을 연구해 보곤 했다. 생각할 수 있는 모든 가능성에 대해 나열해 보고 함께 토론하기도 했다.

그들이 상자 밖으로 나갈 일에 대해 본격적으로 깊게 생각해보고 이야기를 나누게 되자 그들이 예전엔 얼마든지 쉽게 상자 밖을 나갈 수 있는 상황이었다는 것을 알게 되었다.

"Q355가 힘이 센 녀석이었지만 고작 한 마리였어. 그렇다면 우리 중 몇 마리가 힘을 합했어도 그 녀석처럼 뚜껑을 열 수 있었어."

풍뎅이들이 아쉬움이 가득한 목소리로 입을 모았다.

"그런데 지금은 턱수염이 뚜껑을 바꿔놓아서 우리가 모두 힘을 모은다 해도 열 수가 없어."

"그런데다 그때 턱수염이 뚜껑을 제대로 닫지 않았던 것도 한몫

했어."

"맞아. 그렇다면 턱수염이 분명 뚜껑을 제대로 닫지 않는 날이 반드시 다시 올 거야. 그때를 노리는 거야. 그리고 여기서 나가게 되면 너무 몰려서 다니지 말아야 해. 천적들의 눈에 쉽게 노출될 수 있으니까 두 마리씩 한 조가 되어 흩어져서 움직이는 거야."

G240이 목소리에 힘을 주며 말했다.

"그런데 밖으로 나가선 숲으로 가는 방향을 어떻게 찾지?"

"우린 달빛으로 방향을 잡아야 하는데 저 밖 인간의 도시에는 밤 사이 수많은 불빛이 켜져 있어서 방향을 찾기가 쉽지 않을 거야."

"그래서 우린 꼭 기억해야 해. 오로지 방향은 숲의 냄새가 나는 쪽으로 잡아야 한다는 걸."

조용히 듣고 있던 H502가 그들에게 말했다.

"그렇지만 바람이 부는 방향에 따라 숲의 냄새가 나는 쪽도 달라질 수 있어."

"그럴 수도 있겠지. 하지만 바람이 불면 오히려 숲의 냄새가 나는 쪽이 더 선명해질 거야. 우리는 그것을 매일 명심하고 또 기억해 두어야 해. 그렇지 않으면 밖으로 나갔을 때 이것을 잊어버리고 우왕좌왕하다가 천적들의 밥이 될 수 있어."

모여서 의논해보니 미처 생각하지 못했던 것들을 서로 알게 되었다. 그냥 혼자 준비해서 모험을 시작했다면 미처 예상하지 못했던 일로 위험에 빠지기 쉬웠을 것이다. 하지만 서로 다양한 이야기를 나누다 보니 미리 생길 수 있는 일들에 대해 대책을 세울 수 있었다. 그렇게 풍뎅이들은 다음의 기회가 올 때를 기다리며 차근차근 준비해 가고 있었다.

그날도 풍뎅이들이 삼삼오오 모여서 의논을 하고 있었다.

"갑자기 천적이 나타나면 어떡해야 하지? 저런 까마귀 같은 녀석이 나타났을 때 말이야."

"그 녀석들은 우리보다 더 잘 볼 수 있고 청각도 좋아. 하지만 후각은 좋지 않기 때문에 최대한 조용히 눈에 띄지 않는 장소로 숨어야 해. 새들은 보통 낮에만 활동하니까 우리는 밤에 움직이는 것이 좋아. 하지만 그렇다고 안전한 건 아니야. 밤에는 눈이 아주 큰 부엉이란 놈이 있어. 밤에도 잘 볼 수 있기 때문에 밤에 움직일 때는 그 녀석을 정말 조심해야 해."

새들에 대해 잘 알고 있는 H502가 자세히 설명을 해주었다.

"H502! 넌 어떻게 그렇게 새들에 대해서 잘 알고 있는 거야? 유충이었을 때나 성충이 되고도 저 까마귀 말고는 본적이 없잖아."

그렇게 물어보는 풍뎅이들에게 H502는 그가 까마귀 세바스찬이 무심결에 말하는 몸짓을 보고 알게 되었다고 말할 수는 없었다.

"저건 뭐야?"

한 풍뎅이가 창문 쪽을 바라보며 소리쳤다.

"어! 저건 뭐지?"

또 다른 풍뎅이가 소리치자 그 자리에 있던 모든 풍뎅이가 창문 쪽을 바라보았다. 창문 밖에서 한 마리의 풍뎅이가 열린 창문으로 들어오려고 애를 쓰고 있었다.

"풍뎅이야! 그것도 암컷 풍뎅이야!"

한 풍뎅이의 외침에 모두 창문이 보이는 상자 벽 쪽으로 몰려갔다.

"저 풍뎅이는 왜 여기로 들어오려는 거야?"

"까마귀라도 들어오면 어떡해?"

"들어오지 마! 들어오지 말라고!"

의아하기도 하고 조마조마해진 마음으로 풍뎅이들은 암컷 풍뎅이를 바라보며 소리치기 시작했다. H502도 그 풍뎅이를 바라보다 잠시 자신의 눈을 의심해야 했다. 낯익은 눈이었다.

'그녀다!'

유충일 때 보았지만, H502는 그녀라는 것을 눈을 보고 알아볼 수 있었다.

"들어오지 마! 여긴 위험해!"

그녀라는 확신이 들자 H502는 다른 풍뎅이들보다 더 크게 소리치기 시작했다. 상자 속 풍뎅이들이 모두 그녀에게 상자 안으로 들어오지 말라고 소리치고 있다는 것을 모른 채 그녀는 계속 창문의 유리창에 부딪히며 열린 곳을 찾아 들어오려고 안간힘을 쓰고 있었다.

그때 방문이 열리면서 까마귀 세바스찬이 들어왔다. 모든 풍뎅이가 창문 밖을 쳐다보고 있는 것이 이상했는지 그도 창문 밖을 바라보았다.

"안 돼! 도망가! 도망가라고!"

까마귀가 들어서자 풍뎅이들이 더 큰 소리로 그녀에게 외치기 시작했다. H502도 목이 터져라 소리쳤다. 그녀도 까마귀를 보았는지 잠시 창문틀에 몸을 숨겼다. 그리고 상자 속 풍뎅이 중 누군가를 찾는 듯 안을 살폈다.

"여기야! 여기! 나 여기에 있어!"

그의 외침에도 그녀는 그를 찾지 못하고 있었다. 까마귀 세바스찬은 그녀가 창틀에 몸을 붙이고 있다는 것을 발견하고 그쪽을 향해 날아갔다. 잠시 조용해졌던 풍뎅이들이 다시 그녀를 향해 소리치기 시작했다.

그러자 그녀는 조금 망설이다가 하늘을 향해 날아 가버렸다. 세바스찬은 열린 창문으로 그녀를 뒤쫓아 날아갔다. 풍뎅이들은 다들 숨을 죽이고 까마귀가 돌아올 때까지 기다렸다. 그녀가 잡혔다면 까마귀는 분명 보란 듯이 그녀를 물고 나타날 것이다.

다행히 조금 시간이 흐르고 난 후 세바스찬은 화가 난 표정으로 돌아왔다. 그제야 풍뎅이들은 긴장을 풀 수 있었다. 누구보다 가장 심장을 졸이고 있었던 H502도 안도의 숨을 내쉬었다.

"왜 들어오려고 한 것일까?"

"누굴 찾으려고 온 것 같지 않아?"

"설마! 그냥 호기심에 들어오려고 했겠지. 아니면 상자에서 젤리 냄새가 나서 그걸 먹으려고 들어오려고 한 것인지도 몰라."

풍뎅이들이 그녀에 대해 한마디씩하고 있었지만, H502는 그들에게 그 풍뎅이가 그녀일 거라고 말하지 않았다.

'그녀가 왔어. 나를 찾으러 그녀가 왔어.'

H502는 그녀가 그를 찾아왔다는 것이 처음에는 기뻤지만, 시간이

지날수록 마음이 무거워졌다. 그녀는 위험을 무릅 쓰고 그를 찾아다니는데 자신은 여태까지 아무것도 하지 않았다는 생각이 들었기 때문이다.

꿈속에서조차 애타게 그리워하던 그녀를 바로 눈앞에 두고서도 가까이 갈 수 없었던 상황도 그를 화나게 했다.

"난 도대체 무엇을 하고 있었던 거야? 왜 그녀를 찾으러 갈 생각을 하지 않고 두려움에만 떨었던 거지?"

이렇게 중얼거리며 H502는 자신을 심하게 질책하기 시작했다.

"이래선 안 되겠어. 진짜 실행에 옮겨야겠어. 기회가 온다면 이젠 다시는 머뭇거리지 않을 거야."

그는 그렇게 굳은 다짐을 하며 창문 밖 하늘을 쳐다보았다.

기회는 뜻하지 않은 시기에 뜻하지 않은 모습으로 나타날 수 있었다. 하지만 H502는 거기까지는 미처 생각해 보지 못한 일이었다.

투전이 있는 날 아침이었다.

"오늘 나가서 대결 잘하고 와! 몸조심하고!"

H502와 퐁뎅이들이 투전에 나가는 G240을 격려했다.

"걱정하지 마! 잘하고 올게."

그들에게 G240이 환하게 웃어 보였다. 그는 언제나 잘하고 돌아왔기 때문에 그날도 이기고 돌아오리라 풍뎅이들은 굳게 믿었다. 이윽고 투전의 시간이 다가오자 턱수염이 G240을 상자 속에서 꺼내었다.

"오늘 걸린 금액이 아주 크단다. G240! 잘 싸워야 한다."

턱수염은 G240을 작은 상자 안에 넣은 후 이렇게 말했다. 그런데 H502는 턱수염이 들고 있는 작은 상자 속에 담긴 G240을 바라보며 이상한 기분이 들었다.

'이상하다. 전에도 이런 일이 있었던 것 같은데…. 기억이 나지 않아.'

H502는 그 순간이 어떤 과거에 똑같이 일어났던 일인 것 같아 잠시 혼란스러웠다.

'어쩌면 내가 지금 악몽을 꾸고 있는 건지도 모른다는 생각을 했어. 내가 무의식적으로 만드는 환상의 노예가 되어 그 꿈속에서 사는 건 아닌가 하는 생각이 들었던 거야. 그래서 악몽에서 벗어나는 길은 좋은 꿈을 꾸어 나 자신의 무의식을 바꾸어야겠다는 생각을 계속했어.'

K308이었는지 Q355가 말했는지 G240이 그에게 말했는지 아니면 예전 그의 내면의 목소리가 말했는지 정확히 기억이 나지 않았지만 분명 누군가 자신에게 이렇게 말했던 기억이 떠올랐다. 그런데 그 뒤에 이어서 무슨 말을 했었는데 그 부분은 떠오르지가 않았다. 그는 또 자신이 쓸데없는 생각을 한다며 머리를 흔들었다.

건너편 방에서 투전을 하는 인간들의 고함이 들려왔다. 그런데 그 날 따라 그들의 고함은 밤늦도록 계속되고 있었다. G240이 이번에는 만만치 않은 상대를 만난 것이 틀림없었다. 상자 속 풍뎅이들은 모두 가슴을 졸이며 G240이 무사히 돌아오기를 기다렸다.

한동안 사내들의 고함이 계속되더니 이윽고 턱수염의 외치는 소리가 들려왔다.

"이겼다! 이겼어!"

턱수염의 기쁨에 찬 목소리를 듣고서야 풍뎅이들은 모두 안도의 한숨을 쉬었다.

"이번에도 G240이 이긴 것 같아."

"턱수염이 좋아하는 걸 봐선 그런 것 같아. 정말 다행이다."

풍뎅이들이 매우 기뻐하며 G240이 돌아오기를 기다리고 있는데 시간이 다소 흐르고 나서야 술에 취한 턱수염이 방문을 열고 들어섰다. 모두 턱수염이 손에 들고 있는 작은 상자 속 G240을 살폈다. 그는 다소 지쳐 보였지만 다행히 괜찮은 모습이었다.

그런데 H502의 눈에는 그가 예전 대장이었던 C42가 마지막 투전에서 돌아왔을 때와 같은 표정을 짓고 있다는 생각이 들었다. C42도 저런 표정으로 돌아와선 그날 밤에 숨을 거두었기 때문에 H502는 불길한 예감이 들었다. 하지만 상자 안으로 다시 들어온 G240은 풍뎅이들에게 평소처럼 행동했다.

'내가 괜한 걱정을 했나 보다. 그녀를 보고 난 후 내가 너무 예민해진 탓이야.'

H502는 예민해진 신경이 그를 온종일 불안하게 만들었다고 생각하면서 돌아온 G240에게 밝게 웃으며 다가갔다.

"대장! 꽤 오래 싸운 걸 보니 오늘 상대 녀석이 강했나 봐?"

"응, 오늘 대단히 센 녀석이 나왔어. 오늘 너희 얼굴도 못 보고 죽는구나 생각할 정도로 만만한 상대가 아니었어. 그래도 네 생각하면서 마지막에 죽을 힘을 다해 상대해 주었지."

그는 짓궂은 미소를 지어 보이며 말했다.

"자식, 농담은…."

H502는 그의 어깨를 치며 웃어주었다. 그러자 G240의 몸이 조금 비틀거렸다. H502는 재빨리 그의 몸을 지탱해주며 걱정스러운 눈빛으로 물었다.

"왜 그래?"
"쉿! 조용히 해!"

G240은 숨이 가쁜지 잠시 눈을 감고 호흡을 정리했다. 그리고 눈을 뜨며 나지막하게 그에게 말했다.
"좀 쉬고 나면 괜찮을 거야. 그러니까 내색하지 마. 다른 풍뎅이들이 알면 안 돼. 더군다나 턱수염이 알면 난 바로 까마귀의 먹잇감이 될 거야. 그러니까 내가 회복될 때까지 곁에서 나를 좀 지켜줘!"

G240의 다리가 힘없이 떨리기 시작했다. H502는 그가 쓰러지지 않게 지탱한 자신의 몸에 힘을 주었다. 그리고 그는 다른 풍뎅이가 들을 수 있도록 짐짓 큰 목소리로 쾌활하게 말했다.
"어이 친구! 그래! 우리끼리만 이야기해 보자고!"
다른 풍뎅이들은 단짝인 그들 둘이서 이야기를 나누려는 것인 줄 알고 그들을 배웅해 주었다. H502는 G240을 부축해서 그의 비밀공간으로 데리고 갔다. 그제야 G240은 자리에 털썩 주저앉았다.

"H502, 난 더는 버티지 못할 수도 있어. 그러니 기회가 생기면 꼭 다른 녀석들과 함께 여기에서 나가야 해."

G240이 이렇게 말하자 H502는 심장이 쿵 내려앉는 느낌이었다.

"그런 나약한 소리 하지 마! 대장 넌 여태까지 내가 본 풍뎅이 중 가장 강한 풍뎅이야. 그러니까 꼭 이겨내야 해."

H502는 G240에게 힘주어 말했다. 그러자 G240이 그를 보며 피식 웃어 보이더니 머리를 끄덕였다. G240의 웃는 모습을 보자 H502는 마음이 조금 놓였다.

다음 날부터 H502는 바쁘게 움직였다. 턱수염이 젤리를 넣어 줄 때를 맞추어 G240을 부축해서 나갔다. 상자 안에서 G240의 모습이 보이지 않으면 턱수염이 그를 찾아보느라 비밀공간이 탄로 날 수도 있다는 걱정에서였다. G240도 다른 풍뎅이들과 턱수염이 보는 앞에 선 아무렇지도 않게 행동했다.

그들은 둘이서 깊이 연구할 것이 있다는 핑계를 대고 하루 중 대부분의 시간을 그의 비밀공간에서 보냈다. 다행히 풍뎅이들은 처음에는 의아하게 생각하는 듯했지만 나름의 이유가 있으리라 생각하며 그들을 내버려 두었다.

H502의 도움으로 G240은 점차 회복되어 갔다. 하지만 그의 기력

은 시간이 흘러도 이전 상태로 돌아오지 않았다.

"어떡하지? 이번에도 턱수염은 대장을 투전에 내보낼 텐데 이 상
태로 나갔다간 얼마 버티지 못하고 바로 죽을 수도 있어."

H502가 걱정스러운 표정으로 말했다. 이 말에 G240은 아무런 대
답을 하지 않고 머리만 끄덕여 보였다. G240이 내색하지 않으려고
했지만, 그도 두려워한다는 것을 H502는 느낄 수가 있었다. 지금 그
의 운명은 기적이 일어나지 않는 한 투전에 나가서 죽게 되든가 아
니면 대장으로서 쓸모가 없어져 세바스찬의 먹잇감이 되든지 그 둘
중 하나였다.

마음이 무거워진 H502는 잠시 G240을 혼자 두고 돌무더기 언덕
으로 올라갔다.

창문 밖을 바라보니 기분이 착잡하기만 했다. 얼마 전 창문 밖까
지 날아왔던 그녀가 떠올랐기 때문이다. 비록 그 암컷 풍뎅이가 그
녀가 아니었다 할지라도 그는 그날 이후 꼭 그녀를 찾아가겠노라고
맹세를 했었다.

그런데 아직 이 상자 속을 빠져나갈 기회는 보이지 않고 가장 소
중한 친구마저 위험한 순간에 놓이게 되었다.

'삶이 왜 이렇게 시련의 연속인지….'

H502는 창문 너머로 떠 있는 둥근달을 쳐다보며 한숨지었다. 그때 그는 얼마 전 떠올랐던 말이 다시 생각이 났다.

'어쩌면 내가 지금 악몽을 꾸고 있는 건지도 모른다는 생각을 했어. 내가 무의식적으로 만드는 환상의 노예가 되어 그 꿈속에서 사는 건 아닌가 하는 생각이 들었던 거야. 그래서 악몽에서 벗어나는 길은 좋은 꿈을 꾸어 나 자신의 무의식을 바꾸어야겠다는 생각을 계속했어.'

그리고 기억해내지 못했던 그다음 말도 생각이 났다.

'그랬더니 나의 앞에 기적 같은 일이 벌어지기 시작했어. 그건 말로 표현할 수 없는 어떤 힘에 의해 내가 머릿속에 그린 대로 나의 눈앞에 펼쳐지기 시작했어. 너도 이제 너만의 좋은 꿈을 꾸어 보길 바란다. 하지만 기억해야 해! 그러기 위해선 너의 용기가 필요해! 너의 용기만이 그 힘을 얻을 수 있는 열쇠가 될 수 있어!'

그는 자리에서 벌떡 일어났다.

'그래, 지금 이렇게 한숨을 쉬며 걱정한다고 달라지는 것은 아무것도 없다. 난 현재 상황을 바꿀 수 있다는 기적을 믿고 끝까지 내가 할 수 있는 최선을 다해 보자. 지금은 오직 이것만 생각하자. 꼭 G240을 구한다. 그리고 꼭 그녀를 만나러 간다.'

이렇게 마음을 먹자 그의 가슴 저 깊은 곳에서 뜨거운 무언가가 솟아올랐다.

H 5 0 2   S T O R Y

12
신이 준 소중한 선물
기적을 만드는 힘

담대하라. 그러면 위대한 힘이 당신을 도와줄 것이다.
바질 킹

다시 투전 날이 되었다. G240의 몸은 많이 회복되었지만, 대결에 나갈 정도는 아니었다.

"안 돼, 대장! 정말 이대로 나가면 죽을 수도 있어."

H502가 걱정스러운 표정으로 그에게 말했다.

"괜찮아. 피할 수 없는 일이야. 이럴 땐 담담히 받아들여야 해."

문이 열리고 턱수염이 방으로 들어왔다. 그의 손에 작은 상자가 들려 있었다. 투전이 취소되기를 간절히 기도했지만 그런 일은 일어나지 않았다. H502는 머릿속이 하얘지고 있었다.

'어떡하지? 대장이 죽을 걸 알면서도 이대로 내보낼 순 없어.'

하지만 아무리 생각해도 방법이 떠오르지 않았다. 이윽고 턱수염이 상자의 뚜껑을 열었다. 그의 손이 상자 안으로 들어와 G240의 몸을 잡으려 하자 그 순간 H502에게 어떤 목소리가 들려왔다.

'믿어라! 너 자신을 믿어라!'

그건 예전에 꿈속에서 들었던 목소리였다. 그는 자신도 모르게 G240을 막아서며 턱수염의 손을 향해 뿔을 세워 보였다. 상자 안의 모든 풍뎅이가 놀라 소리치기 시작했다.

"H502! 너 지금 뭐하는 거야. 물러서! 물러서라고!"

G240도 H502를 밀치며 말했다.

"H502! 너 미쳤어? 지금 뭐하는 거야?"

하지만 H502는 그의 앞에서 강하게 버텼다. 그런 그의 행동에 턱수염도 놀랐는지 G240을 잡으려던 손을 거두었다.

"요 녀석 보게나. H502?"

턱수염은 그의 등에 쓰여 있는 숫자를 하나씩 소리 내어 말했다.

"얼마 전부터 지켜보던 녀석이잖아. 그런데 나한테 덤빌 생각을 하다니, 요 녀석 배짱 한번 좋은걸? 어디 힘 좀 볼까?"

그는 상자 안에 있는 다소 큰 나뭇가지로 H502의 뿔을 밀어 보았다. H502는 그것을 잡고 힘주어 버텼다. 밀리지 않고 꿋꿋이 버티는 H502의 모습을 보며 턱수염은 빙긋 웃었다. 그리고 옆에 있는 세바스찬에게 말했다.

"세바스찬 이 녀석 제법인데? 그렇지 않아도 G240을 내보내기가 영 찜찜했었는데 잘됐어. 오늘 이 녀석을 한번 내보내 봐야겠다."

하지만 턱수염은 뿔로 공격하며 계속 피해다니는 H502를 잡느라 한동안 애를 먹어야 했다. 그가 겨우 상자에서 H502를 꺼내자 방 저편에서 한 사내가 턱수염을 재촉하며 불렀다.

"어이! 뭐하나? 빨리 오지 않고?"

"알았어. 지금 간다고. 조금만 기다려!"

턱수염은 황급히 H502를 작은 상자 안에 넣고는 방에 있는 상자의 뚜껑을 닫았다. 그때 H502는 까마귀가 하는 소리를 보았다.

"쳇! 저 인간 허둥대다가 또 상자 뚜껑을 제대로 닫지 않았군."

'기회다!'

작은 상자 안에 담긴 H502는 자신을 바라보고 있는 G240에게 온몸으로 말하기 시작했다.

"뚜껑이 제대로 닫히지 않았어! 꼭 친구들과 도망가! 꼭 도망가야 해!"

G240은 그의 몸짓을 알아들었는지 머리를 끄덕여 보였다.

"너는?"

G240은 몹시 걱정스러운 눈빛으로 그에게 묻고 있었다.

하지만 H502가 답하기도 전에 턱수염은 그가 담긴 상자를 가지고 방에서 서둘러 나가 버렸다.

H502가 담긴 상자를 들고 턱수염이 들어간 방에는 이미 몇 명의 사내들이 그들을 기다리고 있었다. 테이블 위에 놓여 있는 작은 상자 안에는 다른 곳에서 온 풍뎅이 한 마리가 있었다. H502가 상대할 풍뎅이였다. 그의 몸집은 매우 컸고 뿔도 상당히 길고 커 보였다. 한눈에 보아도 무척 강한 상대라는 것을 H502는 바로 알 수 있었다.

'지난번 G240이 상대한 녀석이 바로 저 녀석이었구나. 대결이 왜 그렇게 길어졌는지 이제야 알겠어. 아! 나는 이제 어떡하지?'

갑자기 엄청난 두려움이 그를 엄습해 왔다. 도대체 무슨 생각으로 G240의 앞을 막아섰는지 모를 일이었다. 아마도 그냥 그를 죽게 내버려 둘 수는 없다는 생각에 그다음 일은 미처 생각할 수 없었던 것이다. 그를 대신해서 투전에 나가게 될 줄은 상상조차 못했던 일이었다. 그는 크게 심호흡을 하며 G240으로부터 배운 대로 한번 해보자며 마음을 다잡아 보았다.

'내가 여기서 싸우고 있는 동안 G240과 친구들은 상자 밖을 빠져나갈 수 있을 거야. 그러니까 내가 최대한 시간을 끌어야 해. 그나저나 상자 밖으로 무사히 나가야 할 텐데.'

H502는 대결을 마음으로 받아들이자 이제는 풍뎅이 방에 남아 있는 친구들이 걱정되었다.
'뚜껑이 제대로 닫히지 않았다는 것을 꼭 알아차려야 할 텐데….'
그는 G240이 알겠다는 표정을 지었다고 생각되었지만 그래도 마음을 놓을 수가 없었다.

'G240을 믿자. 대장은 영리하니까 내 말을 알아들었을 거야. 난 당장의 일에만 집중하자.'

그는 이제 대결에만 집중하기로 마음을 먹었다. 친구들을 걱정해 봤자 그가 지금 할 수 있는 일은 최대한 시간을 벌어주는 일 말고는 없었다.
투전을 시작하기 전에 턱수염과 사내들은 술을 마시면서 이런저런 잡담을 나누었다. 그리고 슬슬 취기가 오르자 각자 작은 상자 안에 들어 있는 풍뎅이를 꺼내어 커다란 테이블 위에 올려놓았다. 그 위에 올려진 H502의 심장이 마구 요동치기 시작했다.

'진정해! 난 최선을 다해 버텨야 한다고.'

그는 자신을 다독이며 발로 강하게 바닥을 딛고 서보려고 했다. 하지만 그의 마음과 달리 다리가 후들후들 떨리는 것이 좀처럼 멈추어지지 않았다. 그 모습을 본 상대풍뎅이는 H502를 비웃으며 빈정대기 시작했다.

"지난번 녀석이 아니군. 이거 싱겁게 끝나겠어. 어쩌나? 죽을 준비는 되었겠지?"

상대 풍뎅이는 H502의 기를 눌러 놓으려는 듯 여유 만만한 표정을 지어 보였다. H502는 사내들이 피워대는 매캐한 담배 연기 때문에 현기증이 나서 눈을 감아야 했다.

"이 녀석, 싸우기도 전에 쓰러질 것 같군."

상대는 계속 비아냥거리며 약을 올렸다. H502는 속으로 기도를 하기 시작했다.

'신이시여, 저에게 버틸 수 있는 힘을 주시리라 믿습니다. 나의 친

구들이 무사히 숲으로 갈 수 있게 도와주시리라 믿습니다.'

그렇게 기도를 하고 나자 H502의 요동치던 심장이 조금씩 평온해지기 시작했다. 이윽고 다리의 후들거림도 서서히 멈추었다. H502는 감았던 눈을 뜨고 심호흡을 한 다음 상대에게 뿔을 세워 보였다. 상대 풍뎅이도 그에게 뿔을 세웠다. 드디어 대결이 시작되었다.

술에 취한 사내들이 그들을 향해 소리를 치기 시작했다.

"밀어내! 밀어내!"

"한 번에 넘어뜨려!"

상대풍뎅이는 H502의 뿔을 잡고 밀기 시작했다. 그의 힘은 H502가 생각했던 것보다 훨씬 강력했다. H502는 당황해서 뒤로 밀리기 시작했다. 순간 H502는 '이제 죽었구나!' 하는 생각이 들었다. 사내들은 그들을 향해 더 크게 고함을 지르기 시작했다.

"뒤집어! 지금 뒤집으라고!"

"뭐해? 버티라고! 버텨!"

그런데 뒤로 밀리던 H502는 자신도 모르게 발을 옆으로 디디며 상대의 뿔을 잡아당겼다. 그러자 자신의 뿔로 밀던 상대가 휘청하며 몸이 앞으로 쏠렸다. 그러면서 그들은 서로 떨어지게 되었다. 몸이 앞으로 쏠려 완전히 넘어갈 것 같던 상대는 앞발로 버텨서 몸의 균형을 제대로 잡았다.

"오! 생각보다 조금 하는데?"

상대 풍뎅이는 H502의 뜻밖의 방어에 매우 놀란 눈치였지만 애써 아무렇지도 않은 듯 말했다. H502도 깜짝 놀랐다. 그의 몸이 평소 단련한 대로 자신도 모르게 방어를 했던 것이다. G240이 평소에 늘 단련을 해놓아야 한다고 강조했었는데 이제야 그것이 얼마나 중요한 일인지 알게 되었다.

"거봐! 이 녀석도 잘한다고 했잖아."
턱수염이 흥분한 목소리로 사내들에게 말했다.

상대 풍뎅이는 자세를 가다듬고 다시 뿔을 세우며 그에게 공격해 오기 시작했다. H502는 이번에는 뒤로 밀리지 않고 버텼다. 그렇게 서로 밀리지 않은 채 한동안 꿈쩍하지를 않고 서 있었다. 그런 그들을 지켜보는 것에 지친 사내들은 그들을 떼어 놓고 다시 대결을 시켰다. H502는 다시 버텼다. 그렇게 그들이 제자리에서 버티기만을 계속하자 사내들은 이번에도 그들을 떼어 놓고 다시 대결을 시켰다. 그러기를 몇 번 반복하자 급기야 사내들이 화가 나서 고함치기 시작했다.

그들은 풍뎅이들의 등을 나무젓가락으로 찌르며 대결을 하라며 소리를 질렀다. 상대 풍뎅이도 이젠 더는 봐주지 않겠다는 듯 그를 맹렬히 밀어붙였다. H502는 이제 버틸 힘이 거의 남아 있지 않았다.

'그 방법을 써보자.'

상대 풍뎅이는 힘은 무척 셌지만 별다른 기술이 있어 보이지는 않았다. 그래서 그는 예전에 G240이 육풍들과 겨룰 때 사용했던 기술을 사용해 보기로 했다. 몇 번밖에 해보지 않은 기술이어서 잘할 수 있을지는 자신이 없었다. 하지만 그는 이제 다른 선택의 여지가 없었다.

상대 풍뎅이가 뿔을 세우며 다가왔다. H502도 뿔을 세우며 그에게 다가갔다. 그리고는 갑자기 앞으로 빠르게 달려가기 시작했다. 당황한 상대가 H502의 뿔을 잡는 순간 그는 몸을 위로 날렸다. 그리고 공중에서 그의 뿔을 잡고 몸을 비틀었다.

하지만 그의 생각과는 달리 아래쪽에 서 있는 상대는 꿈쩍도 하지 않았다. 그 기술을 사용하기엔 상대는 너무 강했다. 결국, H502는 잡고 있던 상대의 뿔을 놓치면서 몸이 테이블 위로 나가떨어졌다. 거꾸로 뒤집힌 몸은 아무리 안간힘을 써봐도 꿈쩍도 하지 않았다.

H502의 완패였다. 상대 풍뎅이의 주인과 그 풍뎅이에게 돈을 걸었던 사내들이 기쁨의 환호성을 질렀다. H502에게 돈을 걸었던 사

내들은 화를 내며 자리에서 일어났다. H502가 진 것에 화가 난 턱수염은 테이블 위에 널브러져 있는 H502를 집어 바닥으로 내던졌다.

바닥에는 담배꽁초들과 깨진 병 조각들이 흩어져 있었다. H502는 하필 채 꺼지지 않은 담배꽁초 위로 떨어지고 말았다. '지익' 타는 소리와 함께 H502는 견딜 수 없는 심한 통증으로 몸부림을 쳐야 했다.

"앗! 뜨거워. 으… 으으… 으…."

그는 비명을 지르며 몸을 비틀었다. 다행히 그에게 붙은 담배꽁초의 불은 이내 꺼졌지만, 말로 표현할 수 없는 극심한 통증이 몰려왔다. 그런 그를 바닥에 그대로 내버려둔 채 턱수염과 사내들은 방을 나가버렸다.

만신창이가 되어 바닥에 뒤집혀 있는 그는 '이제 정말 죽는구나!' 하는 생각이 들자 눈에 눈물이 가득 고여 왔다. 그 순간 위험을 무릎쓰고 그를 찾아왔던 그녀의 얼굴이 떠올랐다.

'미안해, 약속을 지키지 못해 미안해.'

H502가 속으로 이렇게 중얼거리며 있는데 눈물로 앞이 가려진 그의 눈앞에 그녀의 환영이 보이기 시작했다. 그녀가 그에게 이렇게

말하고 있었다.

"일어나! 아직 끝나지 않았어. 약속을 지켜! 난 이렇게 기다리고 있는데 이대로 죽으면 안 돼!"

애타게 외치고 있는 그녀의 환영을 보자 H502는 죽을 힘을 다해 몸을 뒤집어 보았다. 그러자 몇 번의 몸부림 끝에 마침내 몸을 뒤집을 수 있었다.

'까마귀가 오기 전에 지금 떠나야 해.'

그는 열려 있는 창문을 쳐다보았다. 그리고 크게 한번 심호흡을 한 다음 날개를 펼쳤다. 담뱃불에 상처 입은 곳에서 다시 통증이 심하게 몰려왔다. 하지만 그는 꾹 참고 날갯짓을 하며 공중으로 날아올랐다. 그리고 열려 있는 창문을 향해 있는 힘껏 날아가기 시작했다.

창문 밖으로 나오자 환한 도시의 불빛에 눈이 부셨다. 밖으로 나오자 세상은 그가 창문을 통해 보았던 것보다 훨씬 더 크고 거대했다.

'와! 세상이 이렇게 크고 넓다니….'

도시의 불빛들로 인해 그는 어디로 향해 날아가야 할지 잠시 방향을 찾을 수가 없었다.

'명심해야 해! 숲의 냄새가 나는 방향을 찾아!'

그는 풍뎅이들과 했던 말이 떠올랐다. H502는 잠시 공중에서 빙그르르 돌며 숲의 냄새가 나는 방향을 가늠해 보았다. 그러자 희미하지만, 바람결에 실려 오는 숲의 냄새를 맡을 수가 있었다.

'저쪽이야!'

그는 냄새나는 방향으로 힘껏 날아가기 시작했다. 도시의 밤하늘에 H502 말고도 날아다니는 곤충들이 많았다. 여기저기 날아다니는 수많은 곤충과 부딪히지 않으려고 애를 써야 했다. 그런데 그때 매우 큰 물체 하나가 그를 향해 맹렬한 속도로 날아오고 있었다. 밤이면 사냥하기 위해 날아다닌다는 부엉이였다. 부엉이의 속도가 너무 빨라서 그의 뒤를 바짝 따라붙었다.
'안 되겠어. 이러다간 잡힐 거 같아.'

그는 그때 G240이 풍뎅이들에게 해주던 말이 떠올랐다.

"신은 우리만을 위해 특별히 주신 선물이 있어."

"그게 어떤 선물이야?"

G240의 말에 풍뎅이들이 눈을 반짝이며 물었다.

"낙하!"

"낙하라고?"

"응, 우리에겐 그 누구도 따라할 수 없는 낙하기술이 있어. 날면서도 수직으로 하강할 수 있는 기술이야."

"에이, 그게 무슨 대단한 기술이야."

잔뜩 기대했던 풍뎅이들이 실망한 목소리로 말했다.

"아니야, 우리를 쫓아오는 어떤 녀석들도 우리가 아래로 낙하하기 시작하면 그들은 그렇게 날 수가 없어서 결코 우리를 잡을 수 없게 돼. 이 기술은 오직 우리 풍뎅이들만이 가진 힘이야."

G240은 낙하에 대한 굉장한 자부심을 보이며 말했지만 풍뎅이들은 그것이 대단한 능력이라고 믿지 않았었다.

그런데 지금 그것이 H502에게 생각난 것이다.

그는 도망가기 위해 앞으로 날아가는 것을 멈추고 수직으로 낙하하기 시작했다. 그가 갑자기 방향을 바꾸어 아래로 내려가자 부엉이는 G240의 말처럼 H502를 따라 내려오지 못했다. 그리고 그를 잡으려는 것을 포기하고 저만치 날아가 버렸다.

"휴, 정말 이거 대단한데?"

그는 G240이 옆에 있지 않은 것이 정말 아쉬웠다. H502는 친구들이 모두 상자 속에서 무사히 탈출했는지 걱정이 되었다. 하지만 그것을 알아보기 위해 다시 돌아갈 수는 없었다.

혼잡한 도시로 떨어진 H502는 기진맥진한 상태가 되었다. 그는 쉴 수 있는 곳을 찾아보았다. 그의 눈에 마침 안성맞춤인 곳이 보였다. 그곳은 폐자재를 쌓아 놓은 창고였다. 우선 그곳에서 쉬었다가 다음 날 아침 숲을 향해 날아가기로 했다.

그는 쌓여있는 폐자재 틈으로 들어가 잠을 청했다. 친구들이 생각나고 그녀가 생각났지만, 그것도 잠시 고단하고 긴 하루를 보낸 그는 이내 깊은 잠에 빠져들었다.

시간이 얼마나 지났을까? 그는 낯익은 발걸음 소리에 눈을 떴다.

'까마귀?'

상자 속에 있을 때 세바스찬이 풍뎅이 방 안으로 들어올 때 나던 발자국 소리와 비슷했다. 그 소름 끼치는 소리가 가까운 곳에서 들려오자 그는 깜짝 놀랐다. 세바스찬이 H502가 도망간 것을 알고 그를 찾아 날아온 것이 틀림없었다. 그가 잠들어 있던 곳은 까마귀의 눈에 쉽게 들어오는 곳이었다. 그는 숨을 곳을 찾아 주위를 두리번거렸다. 그는 검은 천 조각들이 가득 들어 있는 포대를 발견했다. 그는 황급히 그곳으로 들어가 자신의 몸을 숨겼다.

발자국 소리가 점점 더 크게 들려왔다. 이윽고 열린 문을 통해 창고로 들어와 안을 살피는 거 같았다. 한참을 이리저리 살펴보아도 아무것도 보이지 않는지 까마귀가 문밖으로 걸어나가는 소리가 들렸다. 멀어져 가는 발자국 소리에 H502는 머리를 살짝 내밀어 그의 뒷모습을 바라보았다. 역시 짐작대로 까마귀 세바스찬이었다. H502의 움직이는 소리를 들었는지 세바스찬이 뒤를 돌아보았다. H502는 머리를 낮추고 숨을 죽인 채 그를 지켜보았다. 다행히 그는 H502가 숨어 있는 포대 쪽으로는 눈길을 주지 않았다.

"상자 속 풍뎅이들이 모두 도망쳤는데 한 마리도 보이지 않다니…. 지난번에 암컷 풍뎅이도 잡질 못했는데 이번에도 허탕을 치는구나. 에이! 귀찮아. 괜히 힘 빼지 말고 돌아가자."

까마귀 세바스찬이 이렇게 투덜대는 것이 보였다.

'그들이 모두 무사히 도망친 것이 틀림없어. 나의 친구들도 그리고 그녀도.'

이 생각이 들자 조금 전까지만 해도 온몸 여기저기 아프던 것이

씻은 듯이 없어지는 것 같았다. 세바스찬이 창고를 나가자 H502는 숨어 있던 포대에서 조심스럽게 나와 하늘 위로 힘차게 날아올랐다. 그리고 다시 숲의 냄새가 나는 방향을 가늠해 보았다.

'저쪽이야!'

바람결에서 전날 밤보다 더 짙은 숲의 냄새가 났다. 또한 참나무 수액에서 나는 향기도 맡을 수 있었다. 숲이 분명 어딘가에 있는 것이 틀림없었다. H502는 냄새나는 방향을 향해 날아가기 시작했다. 여러 종류의 새들이 그를 잡으려고 따라왔지만, 그럴 때마다 그는 낙하해서 그들을 따돌렸다. 그렇게 쉬지 않고 몇 시간을 가자 드디어 그의 눈앞에 숲이 보이기 시작했다.

참나무가 가득한 거대한 숲이었다. 그의 가슴이 두근거리며 뛰기 시작했다. 그는 참나무 수액의 냄새가 가장 강하게 나는 쪽을 향해 날아갔다. 달콤한 수액이 가득 흘러넘치는 참나무들이 있는 곳으로 점점 가까이 가자 눈앞에 놀라운 광경이 펼쳐졌다. 나뭇가지마다 등에 번호가 적힌 풍뎅이들이 여기저기 앉아 있었기 때문이었다. 그중 한 마리가 그를 향해 날아왔다. 그는 다름 아닌 G240이었다. H502는 기쁨에 찬 목소리로 그를 불렀다.

"대장!"

"H502! 무사했구나!"

G240도 기쁨에 찬 목소리로 그를 반겼다.

그런데 그때 잽싸게 날아와서 그들을 막아서는 커다란 풍뎅이 한 마리가 있었다.

"H502! 나도 여기 있다고!"

"야, 너 Q355!"

그들은 한동안 이리저리 날아다니며 재회의 기쁨을 맘껏 누렸다.

"지금 내가 꿈을 꾸고 있는 건 아니겠지? 이게 정말 나에게 일어나는 일이 맞는 거야?"

H502는 가슴이 벅차올라 그들에게 소리치며 물었다. 그러자 어디선가 들려오는 소리가 있었다.

"내가 말했었지. 용기는 힘을 얻을 수 있는 열쇠라고! 네가 용기를 내었기에 진정 원하는 것을 얻을 수 있었던 거야. 이것은 너의 꿈이자 현실이야. 앞으로도 넌 항상 좋은 꿈을 꾸며 그것을 믿어야 해. 두려움을 극복하고 용기를 가져! 그러면 너는 원하는 것을 얻을 수 있는 힘을 갖게 될 거야."

H502는 누가 그에게 말하고 있는지 알 수가 없어 잠시 제자리에

서 한 바퀴 돌아보았다. 하지만 주변의 친구들이 그를 향해 웃고 있을 뿐 아무도 그렇게 말하고 있지 않았다.

그는 하늘을 올려다보았다.

'난 당신이 누구인지 어떤 존재인지 아직 잘 모르겠어. 하지만 당신의 소리를 이제는 믿을 수 있을 것 같아. 고마워. 나의 친구들을 지켜 주어서. 나의 기도를 들어 주어서 정말 고마워.'

그는 하늘을 향해 환하게 웃어 보였다. 앞으로 그의 미래에 또 다른 시련들이 올지도 모른다. 하지만 그는 이제 결코 꿈꾸는 것을 포기하지 않을 거라고 다짐했다. 그는 꼭 그녀를 만나게 될 것이다. 그는 그것이 현실이 될 거라고 믿으며 계속 꿈을 꾸기로 했다. 그리고 때가 되면 더는 머뭇거리지 않고 그녀를 찾아 떠날 거라고 굳게 마음을 먹었다. H502는 기쁜 마음으로 친구들과 함께 참나무 숲으로 내려갔다.

장수풍뎅이 H502 · 성충 풍뎅이가 되기 위해 번데기가 되었던 H502는 뜻하지 않게 장수풍뎅이들을 가지고 투전을 하는 턱수염에 의해 상자에 갇히게 된다. 유충이었을 때 성충이 되어 '그녀'를 만나기로 했지만 우유부단하고 나약하여 상자 안에서 잘 살아가지도 못하고 상자 밖으로 나가지도 못한 채 오랫동안 방황하게 된다. 신의 존재에 대한 회의감과 믿음을 오가며 생의 의미와 꿈에 대해 치열하게 고민하게 된다. 하지만 상자 속에서 만난 G240과 K308 그리고 Q355 덕분에 용기를 가지고 도전하게 된다. 그런데 그 도전이 그의 생명을 위태롭게 한다.

장수풍뎅이 G240 · 상자 안 장수풍뎅이 중 유일하게 상자를 탈출하여 숲으로 가겠다고 결심하고 굳은 의지로 오랫동안 단련해온 풍뎅이다. 처음에는 친구들마저 그를 따돌리게 된다. 하지만 열심히 단련해서 큰 풍뎅이들과의 대결에서 이기게 되고, 과즙 젤리를 배부르게 먹을 수 있고 다른 작은 풍뎅이들을 마음대로 할 수 있는 육풍의 한 멤버가 된다. 그런데 의도하지 않은 방법으로 풍뎅이들의 대장이 되면서 어려움을 겪는다. Q355의 탈출로 인해 노력하는 인생과 타고난 운명 사이에서 크게 방황하게 된다.

장수풍뎅이 K308 · 머리가 비상하고 아주 현실적인 풍뎅이다. 1%의 가능성도 없는 탈출을 위해 시간 낭비를 하는 것보다 마주하고 있는 현실에 맞게 충실히 살아가려고 노력한다. 무엇보다 H502에게 큰 의지가 되어준다. 하지만 모함을 받고 육풍들에 의해 처단된다. 이 사건은 소중한 친구를 잃고 외톨이가 된 H502에게 굳은 의지를 갖게 한다.

인간 턱수염 · 장수풍뎅이들을 가지고 주말마다 돈을 걸고 투전을 하는 인간이다. 투전에 내보낼 힘센 풍뎅이들을 가지려고 장수풍뎅이들의 유충과 번데기를 플라스틱 컵에 담아 방안 가득히 모으고 있다. 성충이 된 풍뎅이들을 상자 안에 넣어 서로 경쟁하게 한다.

까마귀 세바스찬 · 턱수염과 함께 살아가는 까마귀다. 턱수염이 던져주는 풍뎅이 먹는 것을 아주 좋아한다. 그리고 탈출하여 도망가는 풍뎅이들을 뒤쫓는다. 그런데 H502에게 탈출의 결정적 단서를 주게 된다.

장수풍뎅이 Q355 · 번데기방에 있을 때부터 풍뎅이들 사이에서 구원자라고 불리게 된 거대한 풍뎅이다. 하지만 상자 안에 들어온 후부터는 먹는 시간을 제외하고는 늘 잠만 잔다. 그의 식성이 대단해서 다른 풍뎅이들이 먹을 젤리가 점점 줄어들어 원성을 사게 되고 상자 안에서 큰 분란의 원인을 제공하게 된다. 하지만 그를 끝까지 따르는 풍뎅이들과 함께 그는 상자를 탈출하게 된다.

장수풍뎅이 그녀 · H502가 유충이었을 때 만난 암컷 유충이다. H502와 성충이 되어 다시 만나기로 약속한 사이다. H502의 꿈속에서 자주 나타나는 그녀는 H502가 끊임없이 꿈에 대해 고민하게 하는 원천이자 삶의 의미이기도 하다.

외뿔풍뎅이 S222 · 장수풍뎅이들을 잡아먹는 외뿔풍뎅이다. 장수풍뎅이와 비슷하게 생긴 그는 자신의 정체를 숨기고 풍뎅이들을 이간질하고 서로 싸우게 하면서 몰래 풍뎅이들을 잡아먹는다. 그 탓에 K308이 모함으로 죽게 되고 H502는 무리에서 따돌림을 당하게 된다.

방황

희망 갖기

본인의 의지와는 상관없이 갇히게 된 상자 안, 행복을 느낄 수 없는 그곳에서 한 장수풍뎅이는 오랫동안 방황하게 된다.

탈출할 수 있는 방법은 없어 보인다. 그러한 상황에서 탈출의 가능성을 믿으며 숲으로 가는 희망을 품고 살아야 할지, 아니면 처한 환경에 순응하며 살아야 할지를 정하지 못한 채 갈팡질팡하는 H502의 모습은 바로 나 자신의 오랫동안의 모습이기도 했다.

이 이야기가 세상 사람들에게 감동을 줄 수 있는 이야기가 될 수 있을지 확신할 수 없는 상황에서 계속 써야 하나 아니면 중단해야 하나, 갈등하는 동안에도 나는 H502 그 자체였다. 하지만 이 이야기를 완성할 수 있었던 건 결국 내면의 소리를 따르기로 한 그 녀석의 힘이 있었기 때문이다.

나에게 가장 절망적인 순간에도 일어날 수 있는 기적을 보여 주었던 한 장수풍뎅이에게 이 책을 바친다.

* 이 이야기는 〈히든 킹덤〉이라는 다큐멘터리 프로그램에서 한 장수풍뎅이를 보고 난 후 모티브를 얻어 집필하게 되었다.

박수진

H502 번호의 의미

요즘은 희망을 더 이상 말하지 않는다고 한다. 희망을 품어 봤자 소용없다고 말한다. 나도 살아가면서 희망이 보이지 않아 막막했던 적이 한두 번이 아니었다. 몇 번이고 삶을 포기하려고 생각했던 적도 있었다.

하지만 돌아보니 나약한 나 역시 나름 힘든 시기를 극복할 수 있었고 그래서 좋은 날들을 맞이하기도 하였다. 그런데 늘 후회가 되는 부분들이 있었다. 그건 힘든 시기에도 분명 행복을 누릴 것들이 많았음에도 그걸 제대로 누리지 못했다는 아쉬움이었다.

그 행복들은 모두 사소한 얼굴을 하고 있었지만 지나고 보니 정말 소중한 것이었다. 무엇보다 기회라는 것이 늘 눈앞에 있었는데 그것을 알아차리지 못하고 엉뚱한 곳에서 찾으려 한 것이 참으로 아쉬운 부분이었다. 그래서 희망이란 것은 늘 우리 가까이 있었다는 것을 통감할 수 있었다.

그리고 얼마든지 더 나은 삶으로 올라갈 수 있는 사다리가 이미 우리 안에 내재하여 있음을 나중에서야 깨닫게 되었다. 그래서 'H502'라는 번호의 H는 Hope의 H이며, 사다리 모양의 H라는 의미도 담겨 있다. 그리고 502는 손오공의 '오공이'라는 의미가 담겨 있다.

갖은 재주를 지닌 손오공이 커다란 바위산에 갇혀 자신의 힘을 오랫동안 사용할 수 없었듯이 우리도 한때는 이런 시기를 거치는 것 같다. 하지만 포기하지 않고 끝까지 인내한다면 신이 각자에게 부여한 나름의 재능을 발휘할 날이 분명 있다고 생각한다.

그래서 주인공 풍뎅이의 번호를 'H502'라고 붙였다. 희망과 힘이 내재해 있는 H502는 비록 처음에는 유약하고 우유부단하여 힘든 시기를 오래 겪지만 결국 자신의 단점을 극복하고 성장하게 된다. 아주 절망적인 상황에서도 포기하지 않고 일어나 자신의 꿈을 성취하게 된다.

G240 번호의 의미

장수풍뎅이 'G240'은 주인공 H502의 둘도 없는 친구이자 아주 멋진 풍뎅이다. 다른 풍뎅이에게서 비웃음을 받고 따돌림을 받아도 자신의 꿈을 버리지 않고 꿋꿋하게 그 목표를 향해 열심히 나아가는 풍뎅이다. 그래서 G240의 G는 Great의 G이자 Good friend의 G이다. 비록 다른 풍뎅이들에 비해 아주 왜소한 몸을 가졌지만 끊임없는 단련으로 큰 풍뎅이들과도 대결을 벌일 수 있을 만큼 성장한 풍뎅이여서 Growth(성장)의 의미도 담겨 있다.

그리고 240이라고 한 데에는 그가 풍뎅이들에게 사공과 같은 존재이기 때문이다. 우리는 살아가면서 커다란 강을 만날 때가 있다. 그때 우리는 그 강을 건너게 해줄 사공을 만나게 된다면 보다 안전하게 가고자 하는 방향으로 갈 수 있게 될 것이다. 그 사공은 책에서 만나는 위인이 될 수도 있고 선생님이 될 수도 있고 혹은 옆에 있는 친구가 될 수도 있다.

Q355 번호의 의미

'Q355'는 다른 풍뎅이들에 비해 크고 거대한 몸을 가진 돌연변이 풍뎅이다. 겉모양 때문에 괴물로 불리기도 하고 신으로 추앙받기도 한다. 이런 풍뎅이를 Q355라는 번호를 붙인 데에는 겉모습은 일반 풍뎅이와 많이 다르지만, 풍뎅이의 본성을 가장 잘 간직하고 있으며 그것을 주저 없이 곧바로 행동으로 옮기는 풍뎅이라는 의미로 방송에서 프로그램 진행자나 연기자에게 대사, 동작의 시작을 알리기 위해 '큐!'라고 외치는 것에서 따와 붙인 이름이다.

그리고 그 뒤에 나오는 숫자 '35'는 그를 따르는 풍뎅이에게서 변함없는 믿음과 사랑을 받기 때문에 사모를 연상한 '35'가 되었으며 그 뒤에 '5'라는 숫자는 주변 풍뎅이들을 많이 놀라게 해서 '오!'라는 감탄사를 따서 붙인 것이다.

그리고 나머지 풍뎅이들의 번호가 갖는 의미는 여러분의 상상에 맡길까 한다.

풍뎅이 상자의 의미

풍뎅이 상자는 거대한 우주에서 하나의 별인 지구에, 그리고 그 지구에서 어느 하나의 도시에, 그리고 그 도시에서 하나의 빌딩에, 그리고 그 빌딩의 수많은 방 중 하나의 방에, 그리고 그 방에서 한 자리를 차지하고 있는 상자다. 그 상자 안에서 풍뎅이들의 많은 이야기가 펼쳐진다. 그 작은 상자 안에서 서로 미워하며 다투는 모습이 때때로 우리의 모습이 아닌가 하는 생각을 해보았다. 그리고 상자는 우리가 살아가면서 맞게 되는 위기, 상황 그리고 운명을 상징한다.

H502가 꾸는 꿈과 그에게 들려오는 목소리의 뒷이야기

몇 년 전에 아주 힘든 시기가 있었다. 나의 의지와는 상관없이 불운한 일들의 연속이었다. 그런데 그런 불운한 일들이 일어나기 전에 몇 번 이상한 꿈을 꾼 적이 있었다. 그중 가장 인상적이었던 것은 나이가 아주 많아 보이는 어떤 여인이 누워 있는 내 바로 코앞으로 얼굴을 들이밀며 이렇게 속삭이는 꿈이었다.

"도망가! 최대한 멀리 도망가라고!"

그 꿈은 너무나도 생생했고 또렷했다. 참 이상한 꿈이 다 있다고 생각을 했었는데 시간이 지나고 어느 날 거울을 보다가 깜짝 놀라고 말았다. 그때 나를 찾아와 도망가라고 말을 해주던 여인은 다름 아닌 내가 나이가 많이 들었을 때의 얼굴을 하고 있다는 것을 알게 되었다. 그래서 미래의 내가 힘든 날들이 닥쳐오기 전의 나에게로 와 위험을 알린 거라고 생각을 하곤 한다.

그래서 H502가 꿈을 꾸는 장면과 어디선가 들려오는 목소리(미래의 H502가 현재의 H502에게 말하는 목소리)가 이 작품에서 중간중간 나오게 된 것이다.

이제 겨우 40여 년의 삶을 살았지만 말로 설명할 수 없는 어떤 힘이 있다는 것을 믿게 되었다. 그것은 운명이라는 모습을 하고 있을 수도 있고, 우주의 힘일 수도 있고, 선한 신의 모습을 하고 있을 수도 있고, 악한 신의 모습을 하고 있을 수도 있고, 아니면 윤회라는 모습으로 나타날 수도 있고, 아니면 어디선가 있을 지도 모를 나의 실체가 지금 꿈을 꾸고 있는 것일 수도 있다고 믿는다.

이런 부분은 매우 어렵고 종교적이고 철학적인 부분이기 때문에 나같이 얕은 지식을 가진 사람이 쉽게 논할 수 있는 부분은 아니라고 생각한다.

다만 나의 경험으로 말하고 싶은 것은 불운한 운명에서 우리 자신을 지킬 수 있는 것은 오직 우리 자신뿐이며, 그럴 힘이 이미 우리 모두에게 내재하여 있다는 것이다. 그리고 그것을 믿어야만 그 힘을 단련시킬 수 있고 제대로 발휘시킬 수 있다고 생각한다.

그 힘을 믿기 위해선 아무리 힘든 상황에서도 우선 자신을 믿어야 한다. 자신을 믿기 위해선 때론 커다란 용기가 필요할 때도 있다. 그런데 그 용기는 사랑에서 비롯되는 것이었다. 그 사랑은 남녀 간의 사랑뿐만 아니라 부모에 대한 효라는 모습으로, 자식에 대한 모성이나 부성이라는 모습으로, 형제애라는 모습으로, 그리고 이 작품에서 가장 많이 등장하고 있는 우정이라는 모습으로 우리가 모두 이미 가진 것들이었다.

결국 우리에게 힘을 주고 자신을 성장시켜 주고 우리를 지켜주는 것은 다름 아닌 사랑이었다. 그리고 그 사랑이 우리에게 기적을 보여주는 것이었다.

누군가 말했다.

"처음도 사랑이었고 맨 나중도 사랑이었다. 그래서 오직 사랑만 있을 뿐이다."